한 번이라도 끝까지
버텨본 적 있는가

승부는 폭발력이 아니라 버티는 힘에서 갈린다

한 번이라도 끝까지
버텨본 적 있는가

웨이슈잉 지음 | 하진이 옮김

센시오

버티는힘에 관하여

● 　　　　　　　　　　대학교 시절 한때 고전을 읽는 재미에
빠졌던 적이 있다. 그 당시 내가 읽은 책 속에는 모진 시련과 고
난을 끝까지 버티고 견디는 인내심과 끈기의 유익함에 대한 글이
유달리 많았다. 고전을 통해 그런 교훈을 자주 접하면서 전통적으
로 중국에서는 끈기와 인내심을 다른 어떤 가르침보다 중요하게
여긴다는 것을 새삼 느끼게 되었다.

　　송나라의 문필가이자 정치인이었던 왕안석王安石은 "한때의
격한 감정을 억누르면 백일의 근심을 면한다. 모든 번뇌는 참지
못하는 데서 비롯된다"라고 했다. 이뿐만 아니었다. "작은 것을 못
참으면 큰일을 도모할 수 없다." "분노와 욕망을 참는지 못 참는지

를 보면 그 사람이 덕이 있는지 없는지를 알 수 있다.""군자가 원대한 목표를 세우려면 이상을 실현하려는 꾸준하고 변함없는 마음이 있어야 한다. 군자가 큰 성취를 이룰 수 있는 것은 보통 사람은 참을 수 없는 것들을 참아낼 수 있기 때문이다."

이처럼 수많은 격언들이 원하는 바를 이루기 위해서는 끊임없이 참고 견디는 인내의 시간이 필요함을 이야기하고 있었다. 사실 이것은 비단 거창한 성공이나 위대한 성취에만 해당하는 이야기가 아니다. 직장에서 새로 맡게 된 프로젝트도, 새해 들어 두 달 안에 5킬로그램을 빼기로 작정하고 시작한 다이어트도, 나 자신에게 선물하기 위해 조금씩 용돈을 모으는 것도, 성과를 내고 성취감을 맛보기 위해서는 포기하고 싶은 마음을 다잡고 꾸준히 노력해야 한다. 이처럼 크고 작은 모든 꿈을 이루기 위해서는 포기하지 않고 버티는 힘이 무엇보다 필요하다. 고전 속에서 만난 수많은 인물들의 삶은 이와 같은 진실을 우리에게 알려주고 있다.

춘추전국시대 월나라 왕 구천句踐은 숙적이었던 오나라 왕 부차夫差에게 크게 패한 후 부차의 노예가 되었지만, 그 굴욕을 참고 견디며 부차에게 받은 치욕을 잊지 않기 위해 10년을 하루같이 매일 쓸개를 핥으며 군대를 키운 끝에 결국 오나라를 멸망시키고 중원의 패권을 장악할 수 있었다. 한나라 사마천司馬遷은 죽음보다 치욕스러운 궁형宮刑이라는 형벌을 감내하면서 위대한 역사서《사기史記》를 집필했고, 명나라 이시진李時珍은 수십 년 동안 직접 산에 올라 약물을 채취하고 먹어보며 약물을 효능을 비교, 분석하며 연구한 끝에 이전까지의 약물학을 집대성한《본초강목本草綱目》을 완성했다. 이들의 인생역정은 우리에게 분명한 사실 한 가지를 알려준다. 인생의 성패를 결정짓는 가장 중요한 요소는 성격이나 기질 혹은 재물이나 지능이 아니라 흔히 우리가 무심코 지나치는 정신적 힘, 바로 끝까지 버텨내는 끈기에 있다는 사실이다.

● ◖ ◗

급격하게 변화하는 현대사회에서 살고 있는 우리는 눈앞의 이익에 급급해하며 모든 것을 빨리 이루고 성취하려고만 한다. 하루아침에 벼락부자가 되고, 세상에 이름을 날리는 사람이 되기를 꿈꾼다. 자신이 원하는 것을 쉽게 손에 넣지 못하면 금세 좌절하고 자포자기하며 세상을 원망한다. 하지만 꿈을 이루고 원하는 바를 성취한다는 건 무수히 많은 좌절과 고통을 참아내며 끝까지 버티고 노력한 결과이다. 때로는 아흔아홉 번을 참고 견디었더라도 마지막 한 번을 참아내지 못하고 포기해버리는 순간 여태껏 쏟아온 노력이 물거품이 되기도 한다.

인생에서 수많은 난관을 헤쳐나가며 자신이 원하는 것을 이루고 성공을 추구하는 과정은 100미터 전력질주가 아니라 마라

톤이다. 폭발적인 추진력을 가졌다고 해도 어려움을 이겨내고 좌절을 극복하며 길고 긴 인생을 완주하기 위해서는 포기하지 않고 끝까지 버텨내는 힘이 무엇보다 중요하다.

치열한 사회에서 당신의 경쟁자들은 당신과 동등한, 아니 당신보다 월등한 지식과 재능을 가지고 있을지도 모른다. 이때 절대적인 승리를 차지할 수 있는 관건이 되는 것은 강인한 끈기와 결코 포기하지 않고 버텨내는 힘이다. 끝까지 버티고 이겨내는 사람만이 최후에 웃을 수 있고 위대한 승리자가 될 자격을 가진다. 역사는 그러한 진리를 입증해주고 있다.

이 책은 포기하려는 약한 마음을 이겨내고 끝까지 버티고 이겨내는 힘이 한 사람에게 어떤 영향을 미치고, 또 그 사람을 어떻게 변화시키며, 어떻게 그를 좌절의 골짜기에서 최정상으로 이끌어주는지에 대해 이야기한다. 이 책에서 소개하는 일화와 격언들은 원하는 바를 이루기 위해 시련과 어려움을 참고 견디며 이겨내는 자기만의 능력을 발견하고 개발하는 데 도움이 될 것이다. 그리고 그 힘은 당신이 아주 작은 소망에서 원대한 꿈까지 한 단계씩 자신의 목표를 이루어가며 행복한 인생을 만들어가는 데 든든한 버팀목이 되어줄 것이다.

STICK IT OUT

끝까지 버티기 위해 필요한 것들 　제4장

그래도 계속 버티는 삶을 위하여 　제5장

"성공하는 방법은 사람마다 달라도
실패하는 이유는 간단하다.
포기하기 때문이다."

– 마윈, 알리바바 창업자

제1장

성공은 재능이 아니라
버티는 힘에 달려 있다

유혹과 시련에 흔들리지 않고
버틴다는 것

● 　　　　　사람들은 저마다 크고 작은 꿈과 목
표를 가지고 살아간다. 가깝게는 오늘 하루 정해진 공부량이나 연
습량을 채우는 것, 회사에서 진행하는 프로젝트에 성공하는 것에
서부터 시험에 합격하거나 원하는 기업에 입사하는 것, 더 나아가
승진을 하고 사업에 성공하는 것까지, 다양한 꿈과 목표를 이루기
위해 하루하루를 열심히 살아간다. 하지만 누구나 자신이 원하는
결과를 쉽게 얻거나 이루는 것은 아니다. 꿈을 향해 가는 과정에
서 쉽게 유혹에 빠지기도 하고, 좌절을 겪기도 하며, 극복하기 힘
든 시련 앞에서 무릎을 꿇기도 한다. 그런 좌절과 시련 속에서도
꿈을 향해 다가가는 이들에게는 하나의 공통점이 있다. 그것은 바

로 자신이 원하는 것을 이룰 때까지 흔들림 없이 나아가는 것이다. 때로는 두려움으로 움츠러들기도 하고 달콤한 유혹에 흔들리기도 하지만, 열 번 넘어져도 열 번 일어서며 자신이 목표한 바를 결코 포기하지 않는 것이다.

끝까지 버티고 이겨내려는 끈기와 의지가 없다면 결코 자신의 꿈에 다가갈 수도 목표한 바를 이룰 수도 없다. 굳이 긴 인생을 이야기할 필요도 없다. 지금 내가 결심한 작은 일들을 생각해보자. 다이어트나 금연 같은 작은 결심을 지켜내는 데에도 수많은 시련과 유혹을 견뎌내야 한다. 새해의 결심을 1년 동안 지키는 것도 쉬운 일이 아니고, 새롭게 시작한 영어 공부나 취미 삼아 배우고 있는 피아노도 꾸준히 노력하고 실천할 때 비로소 성취의 기쁨과 즐거움을 느낄 수 있다. 이처럼 생활 속에서 느끼는 작은 행복을 얻는 과정에서도 반드시 필요한 것이 끝까지 버티고 노력하는 끈기이다.

꿈과 행복을 이루기 위해 끈기를 가지고 노력한다는 것은 유혹과 시련에 흔들리는 자신을 붙잡아 바로 세우며 한 걸음씩 내딛는 과정이다. 포기하고 싶은 순간의 감정에서 벗어나 자기 앞에 주어진 길을 끝까지 묵묵하게 걸어가는 것이다. 이렇듯 순간적인 감정을 조절하고 포기하고 싶은 마음을 억누르며 내딛는 한 걸음 한 걸음에 완전히 다른 결과가 당신을 기다리고 있을지도 모른다.

탁월한 판단력과 훌륭한 품성으로 관련 업계에서 많은 이들의 존경을 받는 기업인의 강의를 들은 적이 있다. 그는 강연에서 이렇게 말했다. "지위고하를 막론하고 누구든 언제나 여러 가지 일로 압박감을 느끼기도 하고, 다른 이들과 치열하게 경쟁해야 하는 상황에 처하기도 합니다. 이때 중요한 것은 감정에 흔들리지 않고 자기 앞에 놓인 문제를 정확하게 인식하면서 목표한 바를 향해 나아가는 것입니다."

그러면서 그는 다음과 같은 이야기를 들려주었다. 어느 젊은 선원이 처음으로 바다에 나갔다가 드넓은 바다 한가운데에서 거센 폭풍우와 마주쳤다. 선장은 젊은 선원에게 돛대 위에 올라가 바람의 방향에 맞춰 돛을 조정하라고 지시했다. 하지만 뱃일에 서툴렀던 젊은 선원은 돛대 위에 올라가다 그만 큰 실수를 저지르고 말았다. 무심코 아래를 내려다본 것이다. 아래에는 집채만 한 파도가 금방이라도 배를 집어삼킬 듯 요동치고 있었다. 그 순간 공포가 엄습하면서 젊은 선원은 몸이 굳어 꼼짝도 할 수가 없었다. 설상가상으로 어마어마한 파도에 선체가 가랑잎처럼 흔들리며 몸의 균형도 잃고 말았다. 이때 경험이 많은 늙은 선원이 갑판에서 큰 소리로 외쳤다. "아래를 보면 안 돼! 이봐, 위를 쳐다보라구!" 젊은 선원은 두려움에 온몸을 떨면서도 고개를 들어 위를 처다보았다. 넓은 하늘을 보니 마음이 조금씩 진정되면서 몸의 균형도 찾을 수 있었다. 덕분에 젊은 선원은 자신의 임무를 성공적으로 완수할 수 있었다. 상황은 변하지 않았지만 이성을 되찾고 배를 구해야 한다는 굳은 의지로 자신에게 주어진 임무에 온전히 집중할 수 있었기에 모두의 생명을 구한 것이다.

누구나 살아가면서 젊은 선원과 같은 상황에 수없이 놓인다. 수많은 외부 요인들이 우리를 흔들고 좌절하게 만든다. 포기하고 쉬운 길을 가라며 유혹의 손길을 내밀기도 한다. 하지만 분명히 알아두어야 할 것은 그 순간 모든 것을 포기하고 체념하느냐 아니면 인내와 끈기로 끝까지 시련을 버텨내느냐에 따라 운명이 달라진다는 사실이다. 내 친한 친구 역시 그런 상황에 놓인 적이 있었다. 지금은 영국의 광고회사에서 광고 기획을 총괄하는 크리에이티브 디렉터로 승승장구하고 있지만, 처음 입사했을 때 그는 젊은 혈기에 실수를 저질러 팀장의 눈 밖에 났고, 이후로 팀장에게 거의 매일 호된 질책을 받으며 힘들게 회사생활을 해나갔다. 그 친구는 날마다 사표를 던지고 회사를 박차고 나오고 싶은 마음을 품은 채 억지로 하루하루를 버텼다.

한번은 중국으로 출장을 온 그와 오래간만에 만나서 회포를 풀 기회가 있었다. 그 친구는 잔뜩 흥분해서는 자신이 회사에서 겪고 있는 상황을 이야기하며 팀장에 대한 불만을 쏟아냈다. 나는 그 친구를 위로하며 사표를 던지고 회사를 떠난다면 자신의 억울함을 풀 방법도 없고 불성실한 직원이라는 꼬리표를 달게 될 거라고 충고했다. 게다가 그 광고회사는 영국에서 실력을 인정받는 꽤나 유명한 회사였다. 나는 주위 사람들의 시선은 신경 쓰지 말고 마음을 단단히 먹고 회사에서 최대한 경력을 쌓아서 실력을 인정받는 것이 가장 중요하다고 일러주었다.

잠시 깊은 생각에 잠겼던 친구는 회사에서 좀 더 참고 견디기로 결심했다. 그리고 새로운 마음가짐으로 이전보다 더 열심히 일에 전념했다. 성실한 그의 업무 태도에 사사건건 트집을 잡던 팀장도 더 이상 꼬투리를 잡을 일이 없어졌고, 얼마 지나지 않아 남다른 업무 성과를 인정받으며 회사 고위층의 눈에 들 수 있었다. 그리고 몇 년 후 그 친구는 뛰어난 성과를 올리면서 팀장을 제치고 크리에이티브 디렉터로 초고속 승진을 할 수 있었다.

● ◖ ◗

복잡한 현대사회에서 살아가다 보면 모든 것이 내 뜻대로만 흘러가지는 않는다. 그 과정에서 주변 사람들로부터 오해를 받거나 상처를 입고, 모욕당하면서 자존심과 자신감이 크게 흔들리기도 한다. 그런 상처와 오해, 모욕에도 흔들리지 않고 원하는 결과를 얻기 위해 꿋꿋하게 견디며 버틴다는 것은 결코 쉬운 일이 아니다. 감정을 가진 인간이기에 작은 모욕도 참지 못하고 크게 분노하고,

사소한 오해나 상처에도 좌절하고 절망에 빠지는 것은 어찌 보면 너무나 당연한 일일지도 모른다. 그 순간 자신의 감정을 이기지 못하고 경솔한 판단이나 행동을 하기도 하고, 순간의 어려움을 견디지 못하고 포기를 선언하기도 한다. 우리 주변에는 외부적인 요인에 흔들리며 순간적인 기분에 휩쓸려 후회할 선택을 하거나 해서는 안 될 말을 내뱉는 사람들이 셀 수 없이 많다. 반면에 치욕을 참아내고 시련을 이겨내며 원하는 결과를 이루어내는 사람은 그다지 많지 않다.

만약 내 친구가 팀장에게 괴롭힘을 받는 힘든 시간을 견뎌내지 못하고 회사를 그만두었다면 지금의 위치에 오르지 못했을 것이다. 젊은 선원이 순간의 두려움을 극복하지 못하고 자신의 임무를 포기해버렸다면 모든 선원들의 생명이 위험에 빠졌을 것이다.

어떤 일이 일어나는 것을 막을 수는 없지만, 나의 마음가짐을 바꾸면 그 일이 나에게 주는 의미는 달라질 수 있다. 그리고 마음가짐을 바꿀 때 자신이 처한 상황을 회피하고 도망가려는 소극적인 마음가짐에서 벗어나 상황을 주도해나가는 적극적인 힘을 만들어낼 수 있다. 지금 포기하고 싶은 마음에 괴로워하고 있다면 다시 한 번 마음을 다잡고 마지막 한 걸음을 내디뎌보라. 그 걸음이 내 앞에 놓인 미래를 바꾸는 첫걸음이 될 것이다.

나의 노력에
취하여 속지 않기

●   사회적으로 성공을 거두고 많은 사람
들의 존경을 받는 이들의 삶을 살펴보면, 그들은 성실함, 열정, 용
기, 부지런함 등 진심으로 본받고 싶은 점을 가지고 있다. 그들의
삶과 행동을 연구하고 분석한 많은 이들은 성공하기를 원한다면
그들처럼 생각하고 행동하라고 말한다. 나 역시 성공한 이들의 자
서전이나 평전 등을 수없이 읽으며 그들처럼 행동하려 노력했다.
하지만 얼마 지나지 않아 그들의 행동보다 중요한 것은 마음가
짐이라는 사실을 깨닫게 되었다. 그들의 행동에는 남다른 마음가
짐이 깔려 있었다. 같은 행동을 하더라도 어떤 마음가짐을 가지고
있느냐에 따라 그 결과는 완전히 달라질 수도 있음을 알게 되었다.

심리학에서 마음가짐이란 외부의 사물이나 현상에 대해 현실적으로 반응하는 일종의 심리 상태를 의미한다. 그리고 그것은 그 사람이 가지고 있는 가치관의 직접적인 표현이기도 하다. 사람의 심리 상태는 끊임없이 변화한다. 일시적인 것도 있고 영원히 지속되는 것도 있다. 그중에서도 변함없는 올바른 마음가짐만이 성공의 토대가 된다. 마음가짐이야말로 당신의 진정한 주인이며, 때로는 지혜보다 더 큰 힘을 발휘하는 삶의 원동력이 된다.

성공한 이들이 보여주는 공통되는 마음가짐 중의 하나는 자신에 대해 정확하게 파악하고 인정하는 능력이다. 흔히 다른 사람을 속이기는 쉬워도 자기 자신을 속일 수는 없다고 한다. 하지만 인간은 가장 교묘하게 자신을 속일 수 있는 유일한 동물이기도 하다. 죄책감이나 자책에서 벗어나기 위해 그럴듯한 이유를 들어 자신을 합리화하기도 하고, '그때는 어쩔 수 없었어'라며 적절한 선에서 자신과 타협하기도 한다. 이러한 태도는 자기 자신을 지키기 위한 자연스러운 방어기제이기도 하다. 그러나 자기합리화가 지나칠 경우, 스스로를 객관적으로 판단하지 못하고 자신의 능력을 과대평가하거나 과소평가하게 된다. 부족하면 부족한 대로 자신의 실력이나 상황을 정직하게 바라보고 인정할 때, 비로소 더 나은 자신을 위해 노력할 수 있고 그것이 스스로를 움직이는 가장 강력한 동기이자 내공이 되기도 한다.

고등학교에 막 입학했을 때, 모든 학생들이 그렇듯 나 역시 열심히 공부해서 좋은 대학에 가야겠다는 생각에 공부에만 전념했다. 처음 몇 주 동안은 아침 일찍 등교해서 수업 준비를 하고 늦게까지 학교에 남아 수업 내용을 정리하며 다시 복습했다. 하지만 작심삼일이라고, 나를 비롯한 대부분의 친구들의 다짐은 그리 오래가지 못하고 하나둘 평소의 일상으로 돌아왔다. 그런데 평범한 우리와는 비교가 안 될 정도로 공부에만 몰입하는 친구가 하나 있었다. 그 친구는 항상 1등으로 등교해서는 쉬는 시간이나 점심시간에도 책에서 눈을 떼는 일이 없었다. 마치 자신만의 성을 쌓아두고 바깥세상에서 무슨 일이 벌어지든 말든 전혀 신경 쓰지 않고 공부만 하는 사람 같았다. 놀랍게도 한 달, 두 달이 지나고 한 학기가 지날 때까지도 그의 행동에는 변함이 없었다.

　나는 일부러 그 친구에게 다가갔고, 여러 가지 관심사가 비슷했던 그와 나는 금세 친한 친구가 되었다. 한번은 그 친구에게 어떻게 그렇게 공부만 하는지 물었다. 그러자 그는 시골에서는 성적이 우수한 편이었지만 도시로 온 이후에는 성적도 예전만 못하고 가정형편도 그리 넉넉한 편이 아니어서 자꾸만 자신이 위축되는 것만 같다고 했다. 어렵게 뒷바라지를 해주시는 부모님을 위해서, 그리고 자신감을 되찾기 위해서 열심히 공부해서 반드시 좋은 성적을 받아야 한다고 했다. 하지만 안타깝게도 노력에 비해 그의 성적은 늘 중하위권에 머물렀다. 특히 그 친구는 수학을 가장 힘들어했다. 나는 그렇게 열심히 공부하는 그 친구의 성적이 올라가지 않는 것을 보며 운명은 불공평하다는 생각을 했다. 그리고 그 친구에게도 그냥 운이 없을 뿐이라며 위로했다.

2학기에 들어서며 새로운 수학 선생님이 오셨다. 그 선생님의 수업은 활기가 넘치고, 수업 내용도 무척 재미있었다. 그 친구는 새로 온 수학 선생님의 수업을 정말로 좋아하는 것 같았다. 그 선생님의 시간에는 다른 시간과는 비교도 안 될 정도로 집중을 해서 듣는 것이 내 눈에도 보일 정도였고, 수업 후에도 모르는 문제가 있으면 선생님을 찾아가 물어보곤 했다. 그 결과 학기말에는 수학 성적이 반에서 5등을 할 정도로 올랐고, 수학경시대회에서도 입상을 할 만큼 성적이 월등히 좋아졌다. 나는 진심으로 그 친구를 축하해주었다. "이제야 네 노력이 보상을 받는구나. 정말 축하해." 그러자 그 친구는 나에게 뜻밖의 이야기를 해주었다.

"아니야. 난 이제야 제대로 공부를 시작했을 뿐이야. 새로운 수학 선생님을 만나기 전까지 나는 그냥 열심히 공부하는 척만 했던 것 같아. 꼭두새벽부터 학교에 와서 열심히 책에 코를 박고 있었지만, 수업에 온전히 집중하지는 않았던 거야. 영어 단어도 열심히 외운다고 외웠지만, 무턱대고 외우기만 해서 머리에 남는 건 거의 없었어. 수학 문제도 많이 풀기는 했지만, 집중을 하지 않으니 문제의 원리를 제대로 이해하지도 못했고. 부모님을 실망시켜서는 안 된다는 부담감과 자존심을 지키고 싶다는 욕심만 가득해서 다른 친구들보다 더 오랜 시간 동안 공부해야 한다고 생각하며 책상에 앉아만 있었을 뿐 공부에 완전히 몰입하지는 않았던 거지. 말하자면 나는 노력하는 척하는 내 모습에 감동하고 거기에 만족하면서 노력에 비해 운이 따르지 않는다고 원망만 했던 거야."

그 친구의 이야기를 듣고 나는 뒤통수를 맞은 것 같은 느낌이었다. 고등학교에 들어가서 처음 몇 주 동안은 나도 누구보다 열심히 공부한다고 자부했었다. 그 후에도 1년이 거의 다 지나도록 나는 나름대로 열심히 공부하고 있다고 생각하고 있었다. 그리고 내가 노력한 것에 비해 성적이 오르지 않는다고 불평만 했었다. 하지만 그 친구의 이야기를 들은 후 나 또한 내가 정말로 열심히 공부한 것인지 스스로에게 물어보았고, 나는 대답을 할 수 없었다.

누구나 이와 비슷한 경험이 있을 것이다. 밤을 새워 공부하지만 마음속에는 다른 잡념이 가득하다. 눈은 책을 보고 있지만 생각은 SNS에 빠진 채 방금 읽었던 부분조차 하나도 기억하지 못한다.

그런 속에서도 시간은 변함없이 흘러가고 잡념으로 보낸 시간을 열심히 살았다 생각하고 스스로를 속이며 위안을 받는다. 매일 회사에서 밤늦게까지 야근한다고 하면 열심히 노력하는 것처럼 보일지도 모른다. 하지만 늘 똑같은 방식으로 업무를 처리하면서 일하는 방식을 개선하고 자신을 발전시키기 위한 노력을 전혀 하지 않는다면, 10년이 지나도 아무런 발전도 변화도 이루어내지 못할 것이다.

다른 사람을 속이는 것보다 더 쉬운 것이 자신을 속이는 일이다. 하지만 세상을 속이는 것은 그렇게 쉬운 일이 아니다. 세상은 당신이 정직한 노력을 했는지 그렇지 않은지 정확하게 꿰뚫어 보고 있다. 정직한 노력이란 무턱대고 책상에 앉아 있는 것이 아니고, 무조건 시간만 쏟아부으며 자신을 괴롭히는 것도 아니다. 나에게 맞는 방법을 찾아 잡념을 버리고 완벽하게 정신을 집중하면서, 제대로 할 수 있을 때까지 노력하고 또 노력하는 것이다.

노력하는 척하는 나에게 감동하는 것은 매우 위험하다. 노력하지 않는 것보다 훨씬 더 위험하다. 당신이 정신을 차릴 기회조차 허락하지 않기 때문이다. 객관적인 시각으로 스스로를 바라보고 자신의 노력을 검증할 때, 비로소 한 단계 더 발전하는 자신을 발견할 수 있을 것이다.

끝까지 버티는 것도
능력이다

●   "이 아이는 머리는 좋은데 노력이 부
족한 것 같아요." 나는 교사가 부모에게 하는 말 중에서 이런 말을
가장 싫어한다. 이런 이야기를 들은 부모는 교사의 말을 그대로
믿고서는 자신의 아이가 머리는 좋다는 말에 위안을 받으며 생각
한다. '그래, 노력을 안 해서 그렇지 우리 애는 똑똑해. 지금은 아
직 노력을 안 해서 그런 것뿐이야. 나중에 정신 차리고 열심히 공
부하면 다른 아이들을 따라잡는 건 시간문제야.'

     정말 그 아이는 진심으로 노력해서 우수한 성적을 올릴 수
있을까? 지금은 잠시 게으름을 피우는 것일 뿐이며 나중에 열심
히 하면 다른 사람들보다 뛰어난 성과를 올릴 수 있는 걸까? 장담

하지만 그것은 착각이다. 수많은 위인들과 주변의 성공한 사람들의 삶을 지켜보며 한 가지 분명하게 깨달은 것은 노력도 일종의 재능이고 능력이라는 사실이다.

●　◗　❨

몇 해 전 내가 근무하던 회사에서 인턴사원을 두 명 뽑은 적이 있다. 두 사람 모두 비슷한 수준의 대학을 졸업하고 학교 성적 또한 우수했다. 한번은 임원회의에서 발표할 자료를 준비하면서 나는 두 명의 인턴사원 중 한 명에게 회사의 마케팅 자료를 정리해서 가져오라고 했다. 그는 반나절도 되지 않아 자료를 정리해서 가져왔다. 그런데 그가 정리한 자료는 문장의 앞뒤가 맞지 않아 무슨 말인지도 이해하기 힘들 뿐더러 가장 기본적인 데이터에도 오류가 있었다. 잘못된 내용을 일일이 다시 확인하고 수정하면서 자료를 준비하느니, 차라리 내가 처음부터 새로 자료를 만드는 편이 나을 지경이었다. 나는 그에게 입사한 지가 언제인데 아직까지 기본적인 자료 정리도 못하냐고 지적했다. 그러자 그는 "자료 정리하는 법을 배운 적이 없어서요. 저는 자료 정리보다는 새로운 아이템을 개발하는 일이 맞는 것 같아요"라고 대답했다. 자료 정리도 제대로 하지 못하면서 새로운 것을 기획하고 개발하려 하다니 어이가 없었다.

나는 할 수 없이 다른 인턴사원에게 자료 정리를 다시 맡겼다. 그런데 반나절도 되지 않아서 그가 가져온 자료는 이전의 자료와는 완전히 달랐다. 그가 새로 정리한 자료에는 각종 도표와 수치, 자료 설명이 한눈에 들어오도록 가지런하게 정리되어 있었다. 내가 어떻게 자료를 정리했는지 묻자, 그는 회사의 자료와 인터넷에서 관련 자료를 취합해서 다시 확인하고 카테고리별로 분류한 다음 자신의 관점을 덧붙였을 뿐이라고 말했다.

동영상 편집을 맡겼을 때에도 그 직원은 동영상 편집을 정식으로 배워본 적은 없다고 하면서도 한번 해보고 싶다며 의욕을 보였다. 옆에서 얼핏 살펴보니, 화질이 좋은 영상과 사진을 구하고, 배경음악, 자막을 넣느라 며칠을 꼬박 고생하는 눈치였다. 그 다음에는 더 욕심을 내어 특수효과 처리를 하고, 자막에 오류가 없는지 꼼꼼하게 검토하는 것을 볼 수 있었다. 그렇게 여러 사람들에게 조언을 구하고 조금씩 도움을 받으며 그는 맡은 일을 훌륭하게 해냈다. 완성된 동영상은 내가 보기에도 무척 만족스러웠다. 편집본을 본 이사들도 무척이나 흡족해하며 누가 만든 동영상인지 물어보고 칭찬을 했다.

두 사람에게 업무 관계로 자주 연락하는 고객의 전화번호를 외워두라는 지시를 내렸을 때에도 결과는 너무나 달랐다. 자료 정리를 제대로 하지 못했던 직원은 번번이 전화번호를 잊어버리고는 자기는 숫자 감각이 없다는 변명으로 일관했다. 반면에 자료 정리를 잘했던 직원은 고객의 전화번호를 완벽하게 외우고 있었다. 결국 직원 평가에서 연이어 낙제점을 받은 앞의 직원은 정직원이 되지 못하고 얼마 지나지 않아 해고되고 말았다.

● ◖ ◟

나는 타고난 재능이라는 말을 믿지 않는다. 올림픽에서 금메달을 따고, 노벨상을 수상하고, 위대한 예술가로 인정받는 이들은 정말로 천부적 재능을 가지고 태어난 사람일지도 모른다. 하지만 재능만으로 그런 위치에 올라가는 사람은 없다. 인류 역사를 통틀어 가장 위대한 천재라고 불리는 아인슈타인Albert Einstein 조차도 "나는 똑똑한 것이 아니라 단지 문제를 더 오래 연구할 뿐"이라고 말했다. 흔히 천재라고 불리는 이들도 쉽게 원하는 결과를 얻거나 노력 이상의 성과를 이루는 것이 아니다. 그들은 잠자고 밥 먹는 것까지 잊을 정도로 남들보다 몇 배의 노력을 기울인다. 천부적 재능이란 바로 그런 피나는 노력을 거름 삼아 피어나는 꽃일 뿐이다. 나보다 뛰어난 재능과 능력을 가진 이들이 나보다 훨씬 더 많은 노력을 하고 있다는 사실을 우리는 결코 잊어서는 안 된다.

학교를 졸업하고 직장생활을 하면서 나에게 주어지는 일은 대부분 이전에는 해보지 않았던 것들이다. 따라서 해본 적이 없다거나 처음이라는 말은 구차한 핑계이며 변명에 불과하다. 우리에게 필요한 것은 해본 적 없는 일도 열심히 해보려 노력하고, 처음 이지만 최선을 다하려 애쓰는 마음이다. 사람들은 바보가 아니다. 당신이 노력했는지 안 했는지, 정성을 기울였는지 그렇지 않은지 를 현미경으로 들여다보듯 훤히 꿰뚫고 있다.

한 가지 일에 오랜 시간 동안 노력을 다하는 것은 사실 그 자체가 천부적 재능이다. 지금처럼 좋은 시대에 '재능이 없다'는 말로 자신의 게으름을 변명하지 마라. 재능이 없다는 말은 당신이 온 마음과 힘을 다해 노력해도 그에 상응하는 대가를 얻지 못했을 때 비로소 할 수 있는 말이다. 적당히 노력하고 남들 하는 만큼만 일하는 '게으름'을 위한 변명이 아니다. 당신이 원대한 꿈을 갖고 있고, 또 특별한 재능이 있다 한들 '게으름'은 당신의 인생을 망가뜨린다는 사실을 잊어서는 안 된다.

정말
최선을 다한 걸까?

● 　　　　　　　한번은 내 강의를 듣던 대학생이 나에
게 물었다. "선생님, 제 친구의 아버지는 연봉 수천만 위안을 받는
큰 기업의 임원이에요. 그 친구는 아직 학생인데도 자가용에 방학
때마다 해외여행을 다니며 살고 있더라고요. 저는 이제 졸업해서
취직을 한다고 해도 고작 연봉 2, 3천 위안을 벌기도 힘들 것 같
은데, 아무리 힘들게 일해도 그 친구처럼 살 수는 없겠죠?"
　　나는 그 학생에게 이렇게 말해주었다.
　　"그래요, 아마 학생이 그 친구의 생활 수준을 따라가기는 힘
들 거예요. 하지만 그 친구를 따라잡지 못한다고 해서 아무것도
하지 않을 셈인가요? 인생은 마라톤입니다. 노력을 하지 않는다

면 당신은 물론이고 당신의 자녀들도 그 친구의 자녀만큼 살 가
능성이 더 희박해지겠지요."

언젠가부터 사회 전체에 소위 '금수저, 흙수저'라는 말이 일
상적으로 사용되고 있다. 이제 개천에서 용 나는 시절은 지났으
며, 흙수저로 태어난 이상 아무리 노력을 해도 가난이라는 운명
에서 벗어날 수 없다는 패배의식이 많은 젊은이들 사이에 팽배해
있다. 심지어 명문대를 나왔다는 젊은이들도 '제아무리 수영을 잘
하는 사람도 요트를 타고 강을 건너는 사람을 따라갈 수는 없다'
라며 괜히 노력만 하다가 실망하는 것보다는 처음부터 포기하는
편이 낫다고 말한다.

나는 그런 말을 하는 사람들에게 이런 말을 해주고 싶다. "당
신이 부러워하는 부자와 당신에게 똑같이 주어진 것이 하나 있습
니다. 아니, 이것은 아마 당신이 더 많이 가지고 있을지도 모릅니
다. 바로 미래를 위해 노력할 수 있는 힘입니다."

● ◑ ◖

내 친구 중에는 글로벌 기업에서 아시아 지역 총괄 책임자로 근
무하며 전 세계 곳곳을 누비고 있는 친구가 있다. 고등학교 시절
처음 그를 만났을 때를 생각하면 그의 지금 모습은 그야말로 개
천에서 용이 난 셈이다. 그 당시 그는 집안 형편이 좋지 않아 싸구

려 운동화 하나를 사면 밑창이 다 헤질 때까지 신었고, 1년 내내 입는 옷이라고는 서너 벌이 전부였다. 점심도 학교 식당에서 가장 저렴한 음식을 사서 먹었고, 나에게 돈을 약간 주고 내 밥을 조금 덜어가서 간장을 반찬 삼아 한 끼를 때우기도 했다. 그러면서도 내가 간식을 넉넉하게 사서 함께 먹자고 권하면 한사코 손사래를 치며 마다했다. 나중에 듣게 된 이야기지만 식당일을 하며 생계를 꾸려나가던 어머니마저 병으로 일을 하지 못하게 되면서 집에 있던 동생들은 시장 바닥에 떨어진 야채를 주워다 끓여서 끼니를 때우기도 했다고 한다.

그런 상황에서도 그는 자신의 상황을 비관하거나 집안 걱정에 의기소침해하는 일이 없었다. 아니 마치 공부를 통해 현실을 잊으려 노력하는 사람처럼 오직 공부에만 몰두했다. 한번은 그가 도서관에서 빌린 영어 원서를 읽고 있는 것을 보았다. 짧은 소설이었지만 당시 영어 원서를 읽는다는 것은 상상도 하지 못했던 나는 놀라지 않을 수 없었다. 그는 사전을 찾아가면서 천천히 읽다 보면 영어 실력도 늘고 여러 분야의 상식도 얻을 수 있어 다른 과목의 공부에도 도움이 된다고 했다. 그러면서 처음에는 어려울지 모르지만 영어사전을 찾아가면서 읽다 보면 원서를 읽는 데 익숙해질 거라며 나에게도 원서를 읽어보라고 권했다. 뿐만 아니라 그의 수업 노트는 항상 필기로 빼곡했다. 그는 반에서 가장 영리한 학생은 아니었을지 몰라도 가장 노력하는 학생임은 분명했다. 기숙사에서 모두가 잠든 밤에도 혼자 손전등을 켜고 공부를 했고, 모르는 문제는 이해할 때까지 선생님을 물고 늘어졌다.

고등학교를 졸업하고 그는 베이징의 한 대학에 전액 장학생으로 합격했고, 나는 다른 대학에 입학하면서 우리는 가끔씩 전화를 걸어 안부를 물을 뿐 서로 다른 길을 가게 되었다. 전화로 듣는 그의 생활은 고등학교 시절과 크게 달라지지 않은 듯했다. 내가 대학생활을 즐기며 고주망태로 취해 전화를 했을 때에도 그는 도서관에 있다고 했다. 폭우로 베이징에 물난리가 났을 때에도 무릎까지 차오른 물을 헤치고 도서관에 책을 빌리러 갔고, 눈보라가 몰아칠 때에도 대학원 시험을 준비하며 자정이 다 된 시간까지 도서관에 있었다. 내가 유유자적하며 방학을 보낼 때에도 그는 잠시도 쉬지 않고 시간을 쪼개어 배낭여행을 가고 해외로 자원봉사를 다니며 다양한 경험을 했고, 그런 경험을 인정받아 졸업한 후에는 싱가포르에 위치한 글로벌 회사에 입사할 수 있었다. 입사한 후에도 그는 남다른 성실함으로 많은 프로젝트를 성공시키며 승승장구했고, 이제는 전 세계를 누비는 사업가로 세계 곳곳에서 나에게 연락을 해온다.

부모로부터 충분한 지원을 받지 못한 채 공부해야 하는 가난한 집안 출신의 이른바 흙수저들이 다른 학생들에 비해 불리한 조건 속에서 경쟁을 해야 하고, 그것이 공정하지 못하다는 것은 누구나 인정하는 현실이다. 하지만 그렇다고 해서 노력까지 포기한다면, 과연 그들의 인생에서 얻을 수 있는 것이 무엇일까?

축구의 황제로 불리는 펠레Pele는 브라질 빈민가에서 태어나 축구공을 살 돈이 없어 종이를 말아 헝겊으로 싼 공으로 연습했다. 축구 영웅 호나우두Ronaldo 역시 브라질 빈민가에서 제대로 된 운동화 하나 없이 맨발로 발이 부르트도록 축구를 한 끝에 지금의 자리에 오를 수 있었다. 중국 교육업체 최초로 나스닥에 상장된 신둥팡新東方의 대표 위민훙兪敏洪 회장은 베이징 대학교 입학이라는 목표를 이루기 위해 짐 보따리 두 개를 들고 시골에서 올라와 삼수 끝에 베이징 대학교에 입학할 수 있었다. 어렵게 대학에 입학한 후에도 대학 내내 꼴등에서 벗어나지 못했고, 동기 50명 중 49명이 모두 유학을 갈 때에도 혼자 유학 시험에 실패했다. 하지만 그는 좌절하지 않고 유학을 준비했던 자신의 경험을 살려 매년 100만 명의 수강생을 유치하는 교육기업을 일구어냈다.

당신이 한가하게 게임을 즐기고 있을 때, 무심하게 SNS에 빠져 있을 때, 친구들과 수다를 떨며 시간을 낭비하고 있을 때, 당신보다 뛰어난 재능을 가진 친구들은 당신보다 더 열심히 미래를 위해 노력하며 공부하고 있다.

공정한 기회를 주지 않는 사회에 대해 불만을 품고 있는가?

당신의 능력을 알아주지 않는 세상에서 더 이상 노력할 가치가 없다고 생각하고 있는가? 그런 불평과 불만을 토로하기 전에 한 번 가슴에 손을 얹고 생각해보자. 과연 나는 노력을 포기한다고 당당하게 말할 수 있을 만큼 충분히 노력해본 적이 있는가? 나의 운명을 바꿀 유일한 기회를 포기할 정도로 온 힘과 마음을 다해 열심히 살아본 적이 있는가? 노력하지 않으면 변하는 것은 없다. 하물며 노력조차 하지 않는다면 내 인생을 위해 무엇을 할 수 있단 말인가?

인생은 살아가는 내내 당신 앞에 수많은 시험지를 내밀 것이다. 그리고 당신의 답안지를 보며 물을 것이다. "이것이 최선입니까?" 이 질문에 언제든 당당하게 대답할 수 있어야 한다. 자신이 처한 상황 앞에 무릎 꿇거나 포기하지 않고 끝까지 견뎌내며 인생의 시험지에 최선의 답안지를 냈다고 자부할 수 있을 때 꿈은 당신 가까이에 있을 것이다.

1만 시간보다
중요한 것들

●　　　　　　　　한 분야에서 남들보다 뛰어난 성과를 올리려면 1만 시간의 연습과 훈련을 해야 한다는 이른바 '1만 시간의 법칙'이 유행한 적이 있다. 미국의 유명한 저자 말콤 글래드웰Malcolm Gladwell이 자신의 저서《아웃라이어》에서 음악의 천재 모차르트Wolfgang Amadeus Mozart, 역사상 최고의 록밴드 비틀스 The Beatles, 마이크로소프트의 창업자 빌 게이츠Bill Gates 등의 사례를 통해 설명하면서 널리 알려진 1만 시간의 법칙은 사실 30년 가까이 인간의 능력 향상에 관해 연구해온 스웨덴 출신의 심리학 교수 안데르스 에릭손Anders Ericsson의 연구 논문을 바탕으로 한 것이다.

하지만 정작 이 법칙을 뒷받침하는 연구 결과를 발표한 에릭슨 교수는 1만 시간의 법칙에 대한 우려를 표시했다. 1만 시간의 법칙이 누구나 특정 분야에서 1만 시간만 노력하면 전문가가 될 수 있다는 잘못된 믿음을 심어주어서 어떤 방식으로 얼마나 열심히 노력하느냐 하는 연습의 질적 측면보다는 1만 시간이라는 양에 집착하게 만든다는 것이다. 어떤 분야에서든 원하는 결과를 얻기 위해서는 상당한 시간을 들여 노력을 기울여야 한다는 것은 분명한 사실이다. 하지만 1만 시간이라는 양적인 면보다 중요한 것은 얼마나, 어떤 방식으로 노력을 하느냐이다.

● ◑ ◔

대학을 다닐 때 집 근처에 가끔씩 들르던 식당이 하나 있었다. 처음에는 테이블이 몇 개 되지 않는 작은 식당이었지만, 근처에서 조금 입소문이 나면서 식당의 규모도 커졌다. 하지만 그 뒤로 식당에 가도 사장의 얼굴을 보기는 힘들었다.

한번은 지나가는 말로 내가 직원에게 물었다. "사장님은 많이 바빠지셨나봐요. 가게에 계시는 걸 보기가 힘드네요."

그러자 직원이 대답했다. "네, 인근에 다른 가게를 두 개나 더 내서 저도 사장님을 뵙기가 힘들어요."

나는 작은 식당을 이만큼 키워온 사장이니 다른 가게도 성공적으로 꾸려나가리라 생각했다. 하지만 시간이 지나자 사장이 자리를 비워서인지 직원도 수시로 바뀌고 식당이 예전의 활기를 잃어가는 듯했다. 그러던 어느 날 밤 늦게 퇴근을 해서 간단하게 저녁을 먹으러 그 식당에 들렀다가 아주 오래간만에 사장을 만날 수 있었다. 나는 우스갯소리로 그에게 말했다.

"사장님은 가게를 두 개나 더 운영하신다면서요. 그러면 돈도 엄청 많이 버셨겠네요."

내 말에 그는 오히려 한숨을 푹 내쉬며 대답했다.

"아니요, 지금 그럭저럭 운영이 되는 건 이 식당뿐이에요. 이식당이 어느 정도 자리를 잡은 것 같아서 사업도 좀 더 키우고 열심히 일해보려고 다른 곳에 가게를 두 개나 더 냈는데, 그 가게에서는 손해만 보고 있네요. 처음에 투자한 것이 아까워서 이러지도 저러지도 못하고 있답니다. 이 식당도 매출이 점점 떨어져서 걱정이에요."

그의 걱정처럼 사장이 자리를 비운 티가 나기 시작한 식당은 점점 더 손님이 줄어드는 것이 내 눈에도 보일 정도였다. 결국에 그는 자금 문제에 부딪혀 다른 가게 두 곳을 폐업할 수밖에 없었다. 그리고 그는 다시 식당에 전념하기 시작했다. 그렇게 반년을 고생한 끝에 한산해졌던 식당이 다시 손님들로 붐비기 시작했고, 연말에는 직원들에게 연말 보너스까지 두둑하게 챙겨주기도 했다.

이후에 다시 식당에 들렀다가 만난 사장은 다시는 이전처럼 다른 데에 정신을 팔면서 자신이 정말로 잘할 수 있는 일에 소홀하지 않겠다고 했다. 그보다는 이 식당을 어떻게 잘 꾸려나갈 수 있을지를 고민하는 데 전념하기로 했다며 나에게 웃어 보였다.

● ◖ ◖

아인슈타인은 매번 똑같은 행동을 하면서 결과가 다르기를 기대하는 사람은 바보라고 말했다. 진정한 노력은 결코 배신하지 않는다고 하지만, 무의미한 행동을 지속적으로 하는 것은 어리석은 짓이다. 진정한 노력이란 그런 어리석은 행동이 아니며, '1만 시간의 법칙'에서 말하는 연습 또한 그런 의미는 아닐 것이다.

조깅을 하면서 머릿속으로는 회사일이나 TV 프로그램을 생각하고 있다면, 건강은 지킬 수 있을지 몰라도 실력 향상은 기대할 수 없다. 실력을 한 단계 향상시키려면 달리는 자세와 몸의 움직임에 주의를 기울여야 한다. 야구선수가 타격 연습을 하면서 같은 포즈로 수백 개의 공을 친다고 해서 실력이 늘지는 않는다. 고만고만한 수준의 수학 문제를 반복해 푼다고 해서 세계적인 수학자가 될 수 없는 것과 같은 이치이다. 야구 실력을 향상시키고 싶다면, 타격 동작을 할 때 몸의 자세나 움직임이 정확히 어떠해야 하고 또 어떤 느낌이어야 하는지를 머릿속으로 명확히 그리거나 말로 설명할 수 있어야 한다. 그리고 자신의 동작에 어떤 문제가

한 번이라도 끝까지 버텨본 적 있는가

있는지 파악해서 문제를 개선해나가야 한다. 수학 성적이 오르길 원한다면, 자주 틀리는 문제와 분명하게 이해하지 못한 개념을 정확하게 파악해서 그 분야의 문제를 집중적으로 연습해야 한다.

어디로 가는지도 모르면서 열심히 노를 젓는다고 해서 목적지에 도착하는 것은 아니다. 야구를 하든 수학 문제를 풀든 자신의 장점과 단점을 제대로 파악해서 구체적인 계획을 세우고 자신을 발전시킬 수 있는 연습 방법을 찾아야 한다. 모르는 부분이 있으면 때로는 좋은 스승을 찾아가 배워야 하고, 나에게 맞는 수준의 연습 방법과 연습량을 찾아야 한다. 또한 시간만 보내는 형식적인 연습이 아니라, 최대한 집중해서 더 나은 방향을 찾으며 매일매일 자신을 발전시켜나가야 한다. 그것이 바로 노력의 진정한 의미이다.

생각이
운명을 바꾼다

●   "생각을 조심해라. 그것이 말이 된다. 말을 조심해라. 그것이 행동이 된다. 행동을 조심해라. 그것이 습관이 된다. 습관을 조심해라. 그것이 성격이 된다. 성격을 조심해라. 그것이 운명이 된다. 우리는 생각하는 대로 된다." 영국 최초의 여성 수상을 지낸 마거릿 대처Margaret Thatcher의 말이다.

마거릿 대처는 런던 북부에 위치한 작은 도시의 평범한 가정에서 태어났다. 그녀의 아버지는 작은 식료품점을 운영하고 있었지만, 훗날 그랜섬 시의 시장이 된 야심가였다. 마거릿의 아버지 알프레드 로버츠Alfred Roberts는 어렸을 때부터 딸을 엄격하게 교육했다. "무엇을 하든 최선을 다하도록 노력해야 한다. 항상 남들보다 앞서야 해. 절대로 뒤처지면 안 돼! 버스를 탈 때에도 맨 앞자리에 타라!" 이것이 알프레드가 딸에게 귀에 못이 박히도록 한 이야기였다. 또한 마거릿이 "못 하겠어요", "할 수 없어요"처럼 자신감 없는 말을 내뱉는 것조차 허락하지 않았다. 다른 사람의 눈에는 어린 딸을 지나치게 가혹하게 대하는 것처럼 보였을지도 모르지만, 그의 교육방식은 마거릿에게 자신감과 적극적이고 진취적인 마음을 심어주었다.

알프레드는 겨우 열 살 남짓한 딸을 자신의 선거 운동원으로 활동하게 했다. 선거의 전단지를 돌리고 포스터를 붙이는 일에서 부터 경쟁 후보의 장단점을 분석해서 자신의 선거 전략을 세우는 데에도 마거릿을 동참하게 했다. 뿐만 아니라 선거 토론의 상대역 등을 맡기면서 일찌감치 정치가 무엇인지 배우도록 했다. 마거릿은 언제나 아버지의 가르침을 되새기며 강한 자신감과 반드시 승리해야 한다는 신념을 갖게 되었다. 그리고 자신 앞에 놓인 난관을 극복하려고 노력하며 모든 일에 최선을 다했다. 마거릿은 무슨 일이든 항상 1등이 되기 위해 노력하며 항상 맨 앞줄에 서라는 아버지의 가르침을 온몸으로 실천했다. 그녀는 '개인의 운명은 노력을 통해 결정된다'는 철학을 아버지로부터 배웠다고 회고했다.

처음 정치를 시작하던 시절 마거릿에게는 '식료품 가게 딸'이라는 꼬리표가 따라다녔다. 남성 중심의 정치계에서 여성으로서 자신의 위치를 찾는 것 역시 만만한 일이 아니었다. 그녀는 "매일 매일이 전쟁 같았다"라며 자신의 정치 인생을 회상했다. 하지만 '영원히 1등만을 다투겠다'는 처음의 신념을 잃지 않고 끊임없이 고군분투하며 자기발전을 이루었다. 첫 번째 의원 선거에서 고배를 마시며 정치적으로 수많은 공격과 조롱을 받는 가운데에서도 그녀는 당 내에서 조금씩 자신의 입지를 다져나갔고, 마침내 1979년에는 영국 역사상 최초의 여성 수상이 되었다. 이후 그녀는 4년 연속 보수당 당수로 선출되었고, 11년간 영국 정계를 호령하며 영국은 물론 유럽 정계에서 가장 주목받는 정치인이 되었다. 당시 복잡한 국내외 정세 속에서 마거릿 대처의 자유시장 정책은 각계각층의 반대와 비판에 직면했다. 하지만 그녀는 남다른 지혜와 강인한 인내력으로 모든 비판을 이겨내고 당시 경제난에 허덕이던 영국 경제를 구했으며, 사람들로부터 '철의 여인'이라 불리기도 했다.

작은 시련이나 실패에도 '나는 안 돼', '나는 뭘 하든 이 모양이야' 하며 크게 좌절하거나 낙담하고 자신을 비하하는 사람이 있는가 하면, 큰 시련을 겪으면서도 절대 쓰러지거나 포기하지 않고 자신에 대한 믿음을 가지고 툭툭 털고 일어서는 사람이 있다. 이 두 사람의 차이는 어디에서 기인하는 걸까? 내 경험에 따르면, 전자의 사람들은 자신에 대해 부정적인 생각과 이미지를 가지고 있었다. 반면 후자의 경우 자신과 미래에 대해 긍정적이고 적극적인 생각을 가지고 있었다. 이처럼 자신을 어떻게 인식하고, 마음속에서 스스로에 대해 어떤 이미지를 가지고 있느냐가 자신이 하고 있는 일에도 영향을 미친다. 이를 심리학에서 '피그말리온 효과Pygmalion effect'라고 한다.

피그말리온 효과는 그리스 신화에서 유래한 심리학 용어로, 그리스 신화에 따르면 피그말리온이라는 조각가가 상아로 아름다운 여인상을 조각하고, 그 조각상을 진심으로 사랑하게 되었다. 자기가 만든 조각상을 진심으로 사랑하는 피그말리온의 모습을 지켜본 사랑의 여신 아프로디테가 그의 사랑에 감동하여 조각상에게 생명을 불어넣어 살아 있는 여인으로 탄생시켜주었고, 피그말리온은 자신의 바람대로 그녀와 결혼하여 행복하게 살 수 있었다. 신화 속 인물의 이름을 따서 어떠한 것을 간절히 소망하면 불가능한 일도 실현된다는 심리적 효과를 피그말리온 효과라고 하는데, 이는 하버드 대학의 심리학 교수 로버트 로젠탈Robert Rosenthal에 의해 사실로 밝혀졌다.

1968년 로젠탈 교수는 샌프란시스코의 한 초등학교에서 전교생을 대상으로 지능 검사를 한 후, 20퍼센트 정도의 학생을 무작위로 뽑아 그 명단을 교사에게 주면서 이 학생들이 지적 능력이 뛰어나고 학업 향상 가능성이 높은 학생이라고 알려주었다. 8

개월 후 같은 학생들을 대상으로 지능 검사를 다시 실시한 결과, 그 명단에 속한 학생들은 다른 학생들보다 평균 점수가 높게 나오고 학업 성적도 크게 향상되었다. 이 실험을 통해 교사들의 기대가 학생들의 성적에 영향을 미친다는 것이 사실로 밝혀졌고, 이는 교사나 부모가 학생이나 자녀를 어떻게 대해야 하는지를 분명하게 인식하게 만든 계기가 되었다. 이 실험 결과를 실험자의 이름을 따서 로젠탈 효과라고 한다.

이와 비슷한 사례는 의학 분야에서도 발견된다. 1950년대 협심증 수술 가운데 '내유동맥 묶음술'이라는 방법이 있었다. 흉골 부위를 절개해서 가슴 안의 내유동맥을 묶어 심근으로 흘러가는 혈액을 증가시켜 협심증을 치료하는 이 수술 방법은 무려 20년 동안 유행했다. 당시 미국 시애틀의 심장외과 의사 레너드 콥 Leonard Cobb은 이 수술법이 정말 효과가 있는지 의문을 품고 있었다. 그래서 그는 여러 동료들과 함께 대담한 방법으로 이 치료법의 효과를 살펴보기로 했다. 임상실험을 하면서 환자의 절반에게는 실제 시술을 하고, 나머지 절반의 환자들에게는 피부만 살짝 절개해서 수술 상처만 냈다. 그 결과는 놀라웠다. 두 집단의 임상실험 대상자 모두에게 가슴 통증이 사라지는 결과가 나타난 것이다. 두 집단의 수술 효과는 똑같이 3개월 동안 지속되다가 이후 다시 협심증 증세가 재발했다. 그뿐만 아니라 심전도 역시 진짜 수술을 한 환자와 가짜 수술을 한 환자 사이에 아무런 차이가 없었다. 도대체 어떻게 가짜 수술에도 진짜와 같은 치료 효과가 나타난 걸까?

이것은 심리적 암시의 작용으로, 환자들의 신뢰와 기대가 그들의 건강에 영향을 미쳤기 때문이다. 예컨대 의사에게 진찰을 받거나 약 한 알만으로도 통증이 줄어드는 사람이 있다. 만일 그 의사가 유명한 권위 있는 의사이고, 그가 먹은 약이 효과가 뛰어나기로 유명한 약일수록 치료 효과는 한층 뚜렷하게 나타난다.

교사의 믿음이 학생들의 성적에 영향을 주었던 것과 마찬가지로 스스로에 대한 믿음 또한 자신의 행동과 그 결과에 커다란 변화를 가져오는 것은 당연한 일이다. 스스로를 성공한 사람이라고 생각하는가, 실패한 사람이라고 생각하는가? 당신은 용감한가, 아니면 나약한가? 당신은 위대한가, 보잘것없는가? 이런 질문에 대한 대답이 스스로의 운명에 결정적 역할을 한다. 당신은 지극히 평범한 사람일 수도 있고, 대단한 능력자일 수도 있다. 이는 자신에 대한 이해와 평가에 달려 있다. 또한 당신의 심리적 태도에 달려 있으며, 당신이 스스로를 믿고 도전할 수 있는지 여부에 달려 있다.

오늘부터 적극적으로 자기 암시를 걸어보라. 가령 꿈을 이루기 위해서는 역경을 헤치고 생존하는 법과 인내 속에서 발전하는 법을 터득하며, 심리적 장애를 극복해야 한다고 말이다. 이러한 자기 암시는 당신에게 포기하지 않고 끝까지 버텨내는 힘과 용기를 줌으로써 현재의 상황을 호전시켜 승리를 거둘 수 있게 해줄 것이다.

"영원히 1등만을 다투겠다"는 대처의 생각은 적극적인 삶의 자세이자 강력한 자신감의 표현이었다. 이와 같은 자신에 대한 긍정적인 믿음은 당신이 성장하고 발전하며 한 단계씩 꿈을 실현해 나가는 데 큰 힘과 용기가 된다. 지금까지 자신을 믿지 못하고 머뭇거리는 인생을 살아왔다면, 당신이 해야 할 첫 번째 일은 자신에 대한 생각을 바꾸는 것이다. 그리고 그 생각이 당신의 인생을 바꿀 것이다.

평범해도
비범할 수 있는 이유

●   사람과 사람의 차이는 외모가 아니라 내면의 마음에서 나온다. 제아무리 많은 재능을 가진 이라도 마음에서 평범함을 받아들이는 순간, 그 사람의 행동이나 상황은 그냥 평범해진다. 반면에 처음에는 남들과 다르지 않은 평범한 사람도 스스로 특별한 사람이라 생각하고 그렇게 되려고 노력하면 결국에는 누구보다 비범한 능력을 갖춘 사람이 될 수 있다.

평범함을 받아들이는 것은 비범함을 추구하는 것보다 훨씬 편하다! 체력이나 정신력을 소모하지도 않고 그럭저럭 평범한 생활을 누릴 수 있으니, 얼핏 생각하면 이는 누구나 꿈꾸는 삶이다. 그렇게 편안함에 안주한 채 비범함을 포기하는 순간, 평범함은 당신을 포위한다. 당신의 몸에 씨앗을 뿌리고 싹을 띄워 무성한 나무로 자라난다. 물질적 풍요로움에 만족하여 평범함 속에 안주하는 이들은 마치 세상풍파를 다 겪은 늙은이처럼 생기와 열정을 잃어버린다. 치밀하게 계획을 세워서 차근차근 인생을 꾸려나갈 줄도 모르고, 두려움 없이 눈앞의 걸림돌을 헤치고나갈 용기마저 잃어버린다. 이렇듯 꿈도 도전도 열정도 없이 살아가는 삶에서 어떤 의미를 찾을 수 있을까?

● ◖ ◟

예전에 다니던 회사에서 도서관을 관리하던 직원이 있었다. 도서관이라고는 하지만 책도 많지 않고 그저 직원들이 참고용으로 구입해달라고 요청하는 도서를 구입해서 정리하는 일이 전부라서 그 직원은 대부분의 시간을 인터넷 서핑을 하면서 보내는 것을 자주 보았다. 결국 그 직원은 사장의 눈 밖에 나면서 결국 해고되고 말았다. 그 직원은 떠나기 전에 이렇게 항변했다. "난 그저 도서관 관리를 맡았던 것뿐인데, 내가 달리 무슨 일을 할 수 있었겠어요?"

그녀가 떠나고 또 다른 여직원이 새로 채용되었다. 회사의 직원들은 저마다 일로 바빴기 때문에 그녀에게 신경 쓰는 사람은 아무도 없었다.

그런데 그녀가 출근하고 얼마 되지 않아 도서관의 분위기가 달라지기 시작했다. 그녀는 우선 오래되고 낡은 책들을 정리하고 도서관을 깔끔하게 정리했다. 무엇보다 회사의 전체적인 업무를 파악해서는 그 업무에 도움이 될 만한 책들을 직접 구입해서 잘 보이는 곳에 진열해두었다. 자신이 잘 모르는 분야가 있으면 관련 부서에 도움을 청해 필요한 자료들을 찾아 구비해두고 누구나 쉽게 찾을 수 있도록 분류해두기도 했다. 그 과정에서 회사의 업무를 배울 수 있었고, 시간이 지나자 회사 안의 다른 누구보다 업무에 대한 전문적인 시각도 갖추게 되었다.

아무도 시키지 않은 일을 스스로 주도적으로 배우고 익힌 것이다. 회사의 모든 직원들이 그녀에게 칭찬을 아끼지 않았다. 그 직원은 지금 어엿한 한 부서의 팀장이 되었다. 똑같은 업무를 맡고 있었지만, 두 직원은 너무도 다른 모습을 보여주었다.

이처럼 자신이 맡은 일을 보통 사람들과는 다른 차원으로 해내는 사람들을 주변에서도 찾아볼 수 있다. 대학을 졸업하고 직장을 다닌 지 1년쯤 되었을 때 내가 다니던 대학 근처를 지나게 되었다. 마침 배가 고팠던 나는 대학 시절에 몇 번 들렀던 근처의 국수집을 찾아갔다. 그런데 내가 자리를 잡고 앉기도 전에 여주인이 주방을 향해 이렇게 외치는 것이었다.

"칭탸오몐 한 그릇, 고춧가루는 빼요!"

나는 깜짝 놀라 물었다.

"아직 주문도 안 했는데, 내가 칭탸오몐에 고춧가루 안 넣는 것은 어떻게 알았어요?"

여주인은 미소를 지으며 말했다.

"왜요, 내가 모를 줄 알았어요?"

"그러게 말입니다. 근 1년 만에 찾아왔는데 아직까지 기억하다니, 정말 기억력이 뛰어나네요!"

여주인은 행주로 탁자를 훔치며 말했다.

"우리 가게를 두세 차례 찾아온 손님은 모두 기억한답니다. 그 분들이 자주 주문하는 것도 어지간하면 다 기억하고 있지요. 별것도 아니지만 재주라면 재주겠죠!"

●　◖　◖

도서관 직원이나 국수집의 여주인 모두 일상생활에서 마주치는 보통사람이지만, 그들은 평범함에 머물지 않고 각자의 환경 안에서 비범한 재주를 한껏 발휘하고 있었다. 사회생활을 하면서 만나는 수많은 사람들 중에서 그들과 같이 평범한 상황 속에서도 자신만의 특별한 재능을 발전시켜나가는 사람이 과연 몇이나 될까? 대부분의 사람은 그저 주어진 상황에 순응하며 적당히 평범한 삶을 살아간다. 이런 저런 변명으로 자신을 합리화하고 자신의 세계를 스스로 제한하며 평범한 삶이야말로 가장 행복하다고 스스로를 위로한다. 하지만 실상은 스스로 특별해지려는 노력을 포기하고 나태하고 편안한 삶의 유혹에 굴복한 것일 뿐이다.

　마음속에 뿌리내린 나태함을 단칼에 끊어내고 자신이 맡은 일이나 좋아하는 일을 끝까지 파고든다면 누구든 비범한 능력의 주인공이 될 수 있다. 거대한 목표를 세우고 큰일을 성취하는 것만이 비범한 삶은 아니다. 국수집의 여주인처럼 아무리 작은 일이라도 자신에게 주어진 일에 전념하여 완벽하게 자기 것으로 만든다면, 그것이 곧 위대하고도 비범한 삶이다. 그런 인생의 주인공이 되고 싶다면 당신에게 주어진 평범한 상황 속에서도 언제나 자신의 능력을 최대한 발휘할 수 있는 방법을 찾고 끊임없이 노력해야 한다. 그런 노력을 멈추지 않을 때 당신의 삶도 위대하고 비범해질 수 있을 것이다.

제2장

버티는 사람들은
이것이 다르다

노부인의
흰색 금잔화

어떤 사회심리학자가 현대인들의 심
리 상태를 분석하면서 다음과 같은 이야기를 하는 것을 들은 적
이 있다. 현대인이라면 누구나 가지고 있는 질병이 하나 있는데,
그건 다름 아닌 '조급증'이라는 것이다. 실제로 많은 현대인들이
시내버스가 조금만 늦게 와도, 내 앞에 길게 늘어선 줄이 빨리 줄
어들지 않아도, 웹페이지가 넘어가는 속도가 느려도 그 순간을 참
지 못하고, 식당에서 친구를 기다리는 것조차 힘들어한다. 사실
우리가 무언가를 기다리거나 참지 못하는 것은 시간이 없거나 시
간에 쫓기기 때문이 아니다. 심리학자들의 지적처럼 그것은 내면
의 초조함과 불안감이 만들어낸 일종의 질병이다.

현대사회는 우리에게 이전과는 다른 새로운 방식의 삶의 태도를 요구하고 있다. 물질과 욕망이 넘쳐나는 현대사회에서 우리의 삶은 브레이크가 고장난 자동차처럼 미친 듯이 질주한다. 앞에 무엇이 기다리고 있는지도 모른 채 말이다. 이때 우리에게 필요한 것은 경솔하게 무작정 행동하는 것이 아니라 인내와 끈기를 가지고 앞으로 나아갈 때와 뒤로 물러날 때를 가늠하는 지혜이다. 사자도 먹잇감을 사냥을 할 때에는 매복을 하고 기다리다 기회를 엿봐 기습을 한다. 그런데도 많은 사람들은 인내를 나약하거나 위축된 모습이라고 매도하며 용감한 사람이라면 그렇게 행동해서는 안 된다고 여긴다.

사실 끈기를 가지고 참고 기다리는 것은 사리에 맞게 일을 처리하며 자신을 보호할 수 있는 일종의 자기 극복의 태도이며, 결코 소극적이거나 의욕을 잃은 자포자기가 아니다. 자신이 원하는 목표를 달성하기 위해 끝까지 참고 버티는 것은 침묵 속에 실력을 쌓으며 하늘 높이 날아오를 비상을 기다리는 일종의 생존 방식이다. 17세기 독일의 문학가 로가우Friedrich von Logau는 "희망은 튼튼한 지팡이이며, 인내는 나그네의 봇짐과도 같다. 인간은 이 두 가지를 가지고 현세와 무덤을 지나 영원으로 걸음을 옮긴다"라고 말했다. 이는 포기하지 않고 기다린다면 척박한 사막에서도 신비로운 사막의 장미가 피어날 수 있다는 사실을 일깨워준다.

오래전 미국의 한 신문에 특별한 광고가 하나 실렸다. 어느 원예 연구소에서 희귀한 흰색 금잔화를 구한다는 내용이었는데, 사례 금의 액수가 엄청나서 순식간에 세간의 화제가 되었다. 생물학 지식이 조금이라도 있다면 금잔화는 주황색이나 갈색이라는 사실을 잘 알 것이다. 흰색의 금잔화를 기르는 것은 결코 쉬운 일이 아니다. 그래서인지 그 광고는 금세 잊힌 채 눈 깜짝할 사이에 20년의 세월이 지났다.

그런데 20년이 지난 어느 날, 원예연구소에 응모자의 편지한 통과 함께 흰색 금잔화 씨앗이 배달되었다. 이 일은 언론에 보도되어 또다시 많은 사람들의 주목을 받았다. 도대체 누가 이처럼 희귀한 흰색 금잔화를 만들어냈을까? 사람들은 저마다 다양한 추측을 쏟아냈다. 얼마 지나지 않아 마침내 원예연구소 직원이 편지를 부친 주인공을 찾아냈다.

그 주인공은 꽃 키우는 것을 진심으로 좋아하는 70대 노부인이었다. 20년 전 그녀는 신문에 실린 광고를 보고 가족의 반대를 무릅쓰고 '금잔화 육종 프로젝트'를 시작했다. 첫 해에는 그냥 일반적인 금잔화 씨앗을 뿌렸고, 그다음 해에 꽃이 피자 주황색과 갈색의 금잔화 중에서 가장 색상이 연한 것을 골라 집중적으로 씨앗을 채종했다. 그다음 해에도 채종한 씨앗을 뿌렸고, 그 해에 핀 꽃 중에서 또다시 가장 색상이 연한 꽃의 씨앗을 골라서 채종했다. 그렇게 20년 동안 같은 과정을 반복한 끝에 마침내 새하얀 금잔화의 씨앗을 얻은 것이다. 식물학자조차도 해결하기 힘든 문제를 생물학이나 유전학을 배워본 적도 없는 노부인이 해결할 수 있었던 데에는 그녀의 인내와 기다림이 있었다.

　　한번은 지리와 관련된 서적을 들춰보다 한 가지 식물을 알게 되었다. 이미화Yimi flower, 依米花라고 불리는 꽃인데, 이 꽃은 이틀 동안 꽃을 피우기 위해 6년 동안 기나긴 인고의 세월을 보낸다고 한다. 6년이라는 시간 동안 작열하는 태양과 가혹한 모래바람 속에서 온갖 독충들에게 시달리면서도 묵묵히 견뎌내어 마침내 아름다운 꽃송이를 피워내는 것이다. 이 작은 꽃이 보여주는 생명의 궤적은 우리에게 이렇게 말하고 있다. 인내는 잔혹하지만 아름다움을 얻기 위해서라면 참고 기다리는 인내의 과정은 그 자체로 충분히 아름다울 수 있다고 말이다.

성공을 위해서는 누구나 긴 기다림의 과정을 겪는다. 그 과정 속에서 우리는 고통이나 좌절, 실패를 겪을 수밖에 없다. 그 가운데 어느 하나도 생략하고 건너뛸 수 없다. 반드시 하루하루 헤쳐나가며 1분 1초씩 인고의 시간을 차근차근 쌓아가야 한다.

언젠가 이런 이야기를 들은 적이 있다. 모든 사람들이 무거운 십자가를 등에 지고 한 걸음 한 걸음 고된 인생길을 걸어가고 있었다. 그런데 그중 한 사람이 왜 이처럼 무거운 십자가를 지고 살아야 하는지 원망하며 다른 사람들보다 더 쉽고 빠르게 앞으로 나아가기 위해 십자가의 한 귀퉁이를 잘라냈다. 그러자 발걸음이 한층 더 가벼워지는 듯했다. 하지만 얼마 지나지 않아 그는 여전히 십자가가 무겁다는 생각이 들었다. 그래서 또 다른 귀퉁이를 잘라냈다. 그러자 걸음걸이가 더욱 빨라져서 모든 경쟁자들을 제치고 선두를 차지할 수 있었다. 남들이 무거운 십자가를 지고 힘겹게 한 걸음 한 걸음 내딛는 동안 그는 콧노래를 흥얼거리며 신나게 앞을 향해 내달렸다. 그런데 갑자기 깊고 넓은 구덩이가 그의 앞을 막아섰다.

구덩이를 건널 수 있는 다리도 없었고, 에둘러서 지나갈 길조차 없었다. 그는 구덩이 앞에서 어쩔 줄을 몰라 하며 발만 동동 굴렀다. 그러는 사이 뒤처져서 오던 경쟁자들도 구덩이 앞에 도달했고, 그들은 등에 지고 있던 무거운 십자가를 구덩이 위에 걸쳐 다리를 만들더니 침착하게 구덩이를 건넜다. 이 모습에 그는 한 대 얻어맞은 듯했다. 그의 십자가는 이미 양쪽 모퉁이가 잘려나간 나무토막으로 변해서 구덩이 위에 걸쳐놓을 수가 없었다. 이들이 등에 지고 있던 무거운 십자가는 무엇일까? 그건 바로 시련과 고통을 참고 끝까지 버텨내는 인내와 끈기이다.

살아가면서 삶이 너무 힘들다고 생각되는 순간이 오더라도 결코 걸음을 멈춰서는 안 된다. 참고 견디며 인내하는 것은 그저 인생을 살아가는 데 없어서는 안 될 필수품이라고 생각하라. 지금 당신을 짓누르는 삶의 무게는 언젠가는 당신의 미래를 한층 아름답게 빛내줄 것이다.

실패를 두려워하는 것이
가장 큰 실패다

●   우리는 누구나 꿈을 좇는 과정에서 크고 작은 실패를 경험한다. 중요한 것은 실패를 통해 시련을 참고 견디며 끝까지 버텨내는 끈기를 기르고, 실패의 경험을 바탕으로 미래로 나아가는 출구를 찾아가는 힘을 기르는 것이다. 하지만 많은 사람들이 실패를 그저 두려운 일이라고만 여긴다. 자신의 실패를 정면으로 직시하기보다는 그저 운이 따르지 않는다며 하늘을 원망하기 일쑤이다.

어린 시절부터 우리는 '실패는 성공의 어머니'라는 말을 수도 없이 들었고, 실패는 결코 두려운 것이 아니기에 넘어지면 다시 일어나면 된다고 배웠지만, 실제 상황에서는 결코 그렇지 않다. 대다수 사람은 실패를 두려워하고 또 막상 실패를 겪고 나서는 다시 일어서지 못하고 무너지곤 한다. 아예 자포자기하고 실패의 그림자 속에 깊이 파묻히는 이들도 많다.

하지만 성공과 실패는 원래 동전의 양면과 같은 것이다. 실패를 경험하지 않고서는 성공할 수 없다. 한 번도 실패하지 않고 승승장구하며 성공의 길을 걷는 사람은 없다. 미국 테네시 은행의 전 총재 L. 테리L. Terry는 "자신의 잘못을 인정하는 것은 가장 큰 힘의 원천이다. 자신의 실패를 직시하는 사람은 실패 이외의 것을 얻을 수 있다"라는 말을 했다. 이것을 그의 이름을 따서 '테리의 법칙'이라고 한다. 자신의 의지에 따라 행동하는 과정에서 실수를 하고 실패를 경험하는 것은 지극히 정상적인 일이다. 그리고 이러한 실수와 실패에 어떻게 대처하느냐에 따라 당신의 미래가 결정된다.

● ◗ ◖

실패에 대한 인간의 두려움은 심리학에서 유명한 '월렌다 효과 Wallenda Effect'를 떠올리게 한다. 고공 외줄타기의 고수로 불리던 칼 월렌다Karl Wallenda는 1978년 푸에르토리코의 산 후안 도심에 위치한 건물에서 외줄을 타던 중에 추락사했다. 외줄타기로 세계적 명성을 누리던 그였기에 많은 사람들이 그의 실패 원인을 분석했고, 성공에 대한 강박감과 부담을 실패의 원인으로 꼽았다. 월렌다가 사망한 후 얼마 지나지 않아 그의 아내는 이런 말을 했다. "이번 공연에서는 사고가 날 것 같았어요. 공연에 나가기 전부터 계속해서 중얼거렸거든요. '이번 공연은 매우 중요하니 절대로 실패해서는 안 돼, 반드시 성공해야 해'라고 말이에요. 그 전에는 한 번도 그런 적이 없었어요. 그저 공연 준비에만 집중할 뿐 다른 일은 생각도 하지 않았어요. 공연이 성공할지 실패할지에 대해서도 걱정하지 않았고요." 월렌다가 공연의 성공 여부에 연연하지 않고 평소처럼 편안한 마음으로 공연에 전념했다면 아마도 그는 완벽한 공연을 펼칠 수 있었을 것이다. 이처럼 일의 결과에 지나치게 집착한 나머지 정상적으로 실력을 발휘하지 못하는 심리상태를 '월렌다 효과'라고 한다.

산속에서 은둔생활을 하는 바둑의 고수가 있었다. 그는 제자들을 받아들여 날마다 바둑을 가르쳤다. 그런데 바둑 고수의 교육방식은 매우 특별했다. 그는 제자들에게 바둑의 기술을 직접적으로 가르쳐주지 않았다. 대신 제자들이 바둑을 두고 나면 처음부터 순서대로 그 시합을 복기하며 자신이 실수한 곳을 찾아내도록 했다. 그리고는 가장 많은 실수를 찾아낸 제자를 칭찬하고, 적게 찾아낸 제자는 나무랐다. 그렇게 시간이 지나자 제자들이 불평을 쏟아내기 시작했다.

"스승님은 왜 기술은 가르쳐주지 않고 우리 스스로 실수를 깨닫게 하는 걸까? 이렇게 해서 어느 세월에 바둑의 고수가 될 수 있겠어?"

스승은 제자들의 불만에 아랑곳하지 않은 채 계속해서 제자들에게 실수를 찾아내도록 했다. 그렇게 시간이 지나다 보니 점차 제자들의 실수는 줄어들었고, 나중에는 어떤 실수도 하지 않게 되었다. 그제야 스승은 제자들에게 말했다.

"바둑의 도道에서 전략과 기술은 그저 표면적인 것에 불과하다. 바둑의 고수가 가진 최대의 기술은 바로 자신의 허점을 찾아내는 것이고, 최고의 전략은 실수를 피하는 것이다."

그제서야 제자들은 스승의 깊은 뜻을 이해했다. 그후 제자들은 바둑대회에 나가 내로라하는 바둑의 명인들을 모조리 물리쳤다. 그들은 제자들의 솜씨에 혀를 내두르며 말했다.

"저 젊은 기수들은 참으로 대단합니다. 특별한 기술은 없지만 도무지 허점을 찾아낼 수가 없었어요. 실수를 하지 않으니 이길 수가 없네요!"

● ◗ (

실패는 다양한 모습으로 우리 앞에 나타난다. 우리는 시험을 망칠 수도 있고, 축구 시합에서 패하거나 일자리를 잃을 수도 있다. 이

때 반드시 기억해야 할 것은 실패를 두려워하는 것 자체가 가장 큰 실패라는 사실이다. 실패를 두려워하기보다 나의 실수를 끊임없이 되돌아보며 실수를 줄여나갈 때 비로소 인생의 바둑판에서 최상의 수를 찾을 수 있다. 또한 일을 시작도 하기 전에 불필요한 생각이나 일의 성패가 가져올 결과에 연연하지 않고 그 일에만 몰두할 수 있다면 성공에 한 걸음 더 가까이 다가갈 수 있다.

옛말에 '지혜로운 사람도 한 가지 실수는 있다'라는 말이 있다. 제아무리 철저하게 준비하고 꼼꼼하게 일을 처리한다고 해도 누구나 실수를 저지르게 마련이다. 이때 자신의 실수를 한탄하고 하늘을 원망하는 것이 아니라 최대한 빨리 실수의 원인을 찾아내고 분석해야 한다. 실수의 원인에 대해 스스로 반성할 줄 알아야만 실패를 통해 깨달음을 얻고 자신의 행동과 생각을 바로잡을 수 있다.

또한 지금까지 내가 소홀히 했던 문제는 없었는지도 세심하게 살펴야 한다. 누구나 습관처럼 저지르는 실수가 있다. 비슷한 실수를 습관적으로 저지른다는 것은 세부적 사항이나 작은 문제에 소홀함을 의미한다. 이는 일의 중요한 부분에만 지나치게 치중하거나 사소한 문제들은 저절로 해결될 것이라는 요행 심리를 가지고 있기 때문일 수 있다. 자신이 지금까지 해온 일들을 되돌아보라. 작은 위험의 신호를 무시하지는 않았는가? 긍정적 전망에만 지나치게 집중하지는 않았는가? 이처럼 당신이 습관적으로 소홀히 했던 문제나 단서가 때로는 실패로 이어질 수 있음을 분명히 해야 한다.

　마지막으로, 가능한 한 빨리 자신의 잘못을 인정하고 실패의 파급력을 줄여야 한다. 이 세상에 영원한 실패자는 없다. 심리적 오류 혹은 외부의 간섭 때문에 잘못된 결정을 내렸을 때, 인생이 모두 끝난 듯 포기하고 좌절해서는 안 된다. 사실 대다수의 실패는 작은 잘못의 연속으로 발생한다. 때문에 그중에 하나라도 피할 수 있다면 큰 실패를 모면할 수 있다. '소 잃고 외양간 고친다'라는 속담이 말해주듯이 소를 잃어버리고 외양간을 고쳐봤자 이미 잃어버린 소는 되찾을 수 없다. 하지만 외양간의 허물어진 곳을 발견하고 즉시 수리한다면 더 이상 소를 잃는 것은 막을 수 있다.

　실패도 마찬가지이다. 실패를 했을 때 당신이 해야 할 일은 주저앉아 한탄하며 자포자기에 빠지는 것이 아니다. 즉시 자리를 털고 일어나 자신의 잘못을 바로잡고 실패의 파급력을 줄여야 한다. 그러기 위해서는 무엇보다 자신의 실패를 직시하는 것이 중요하다. 두려움에 빠지거나 도망치려고 든다면 실패의 악순환에 빠질 뿐이다. 또한 한 번 실패했다고 해서 자존심에 상처를 입을 필요도 없다. 실패는 누구나 경험하는 것임을 분명히 인정해야 한다. 그리고 실패의 경험을 종합적으로 분석하여 한 단계 발전하는 기회로 삼아야 한다. 포기하지만 않는다면 희망의 불씨는 언제든지 다시 타오르는 법이다.

때로는 포기하는 것도
버티는 것이다

목표를 향해 나아가는 과정에서 잊지 말아야 할 한 가지 잔인한 현실이 있다. 그것은 모든 인내가 성공이라는 결실을 가져다주지 않는다는 사실이다. 때로는 포기가 인내의 또 다른 전략이자 지혜로운 선택이 되기도 한다.

장기에는 차車를 살리기 위해 졸卒을 버린다는 뜻의 '주졸보차去卒保車'라는 전략이 있다. 이는 장기의 전략전술 중에서도 다섯 수 앞을 미리 내다보고 한 수를 두는 상급에 속하는 수이다. 사실 '주졸보차'는 대大를 위해 소小를 희생하는 일종의 포기 전략인 동시에 장기적인 안목이 필요한 인내와 끈기의 한 수이다. 하지만 분명한 것은 인내하고 포기하는 데에도 충분한 담력과 용기가 있어야 한다는 점이다.

우리는 어릴 때부터 무슨 일이든 인내와 끈기를 가지고 해내야 하며, 쉽사리 포기하거나 혹은 도중에 그만둬서는 안 된다는 말을 수없이 들어왔다. 하지만 현실은 우리에게 지혜로운 선택을 하라고 가르친다. 꿈을 이루는 과정에서 끈기 있게 추진할 줄도 알아야 하지만 동시에 포기하는 법 또한 알아야 한다. 가령 방향이 잘못되었다면 아무리 노력을 해도 목적지에 닿을 수 없지 않는가?

어떤 성공학자는 이런 말을 했다. "무언가를 결정할 때에는 끝까지 버틸 줄도 알고 동시에 포기할 줄도 알아야 한다. 끝까지 버티는 것이 강인한 끈기라면, 포기는 일종의 진보적인 지혜이다." 비록 과거의 경험들이 '조금만 더 버텨라, 조금만 더!'라고 강조하지만 목적지에 도달하기 위한 올바른 방향을 모르는 끈기는 맹목적인 행위에 불과하다. 겉으로 보기에 포기는 소극적인 행동처럼 느껴진다. 하지만 특수한 상황에서 포기는 현명한 선택이 될 수 있음을 잊어서는 안 된다.

미국의 성공학자 데일 카네기Dale Carnegie는 창업 초창기에 다음과 같은 경험을 했다. 당시 그는 미주리 주에 성인교육기관을 세웠다. 목돈을 들여 건물을 임대하고 광고와 홍보 활동을 하느라 날마다 적잖은 비용이 들었다. 하지만 재무관리 경험이 부족했던 탓에 교육기관이 어느 정도 명성을 얻어가는 데도 그에 걸맞은 수익을 얻지 못했다.

수개월 동안 제대로 쉬지도 못하고 일을 해도 수익은 겨우 지출을 메우는 정도라서 수입은 거의 제로 상태였다. 이 때문에 카네기는 걱정이 이만저만이 아니었다. 날마다 스스로를 탓하기 일쑤였고 신경은 예민해질 대로 예민해졌다. 이제 막 자리 잡은 사업을 때려치우고 싶은 마음마저 들었다. 그러던 어느 날 카네기는 학창시절 선생님이었던 조지 요한슨을 찾아가 조언을 구했다. 이때 선생님은 의미심장한 말을 해주었다. "엎질러진 우유 때문에 울지 마라!" 선생님의 그 한 마디 말에 카네기는 뒤통수를 얻어맞은 듯 정신이 번쩍 들었고, 그동안의 번민이 안개 걷히듯 사라졌다. 그리고 카네기는 다시 힘을 내서 사업에 전념했다.

훗날 카네기는 세계적인 리더십 교육 강연자이자 작가가 되었고, 그의 책은 세계적인 베스트셀러가 되었다. 큰 성공을 거두었지만 카네기는 힘든 시절 선생님이 건넨 조언을 잊지 않았다. 그는 강연에서 수차례 이런 이야기를 했다.

"우유를 한 방울도 남기지 않고 다 엎질러버렸다면 어떻게 해야 할까요? 엎질러진 우유를 보고 엉엉 울 건가요, 아니면 다른 일을 할 건가요? 엎질러진 우유는 이미 벌어진 사실이며, 다시 병에 주워 담을 수 없습니다. 우리가 할 수 있는 일은 자신이 어떤 잘못을 했는지를 알아내고 그 불쾌한 기억을 잊는 겁니다."

카네기의 이 말은 실패나 좌절감에 휩싸인 사람들에게 용기를 북돋워주었다. 경제학자들은 과거에 이미 발생한 일이나 혹은 투자에서 회수가 불가능한 비용을 '매몰비용'이라고 한다. 우리가 무슨 일을 계획할 때는 그 일로 얼마나 이익을 얻을 수 있을지를 계산해야 하고, 또 과거에 그 일에 어느 정도의 비용과 시간, 노력이 들었는지를 살펴봐야 한다. '매몰비용'은 앞에 나오는 '엎질러진 우유처럼' 다시 돌이킬 수 없다. 따라서 결정을 내리기 전에 매몰비용이 얼마나 되는지를 정확하게 파악해야 한다. 그런 뒤에는 회수할 수 없는 비용은 과감히 포기하고 그 일에 연연해서는 안 된다.

만일 '매몰비용'에 연연하며 포기하지 못한다면 당신의 꿈은 점점 요원해질 것이다. 이는 카지노에서 돈을 잃고서는 그동안 쏟아부은 돈을 건지기 위해 계속해서 더 큰돈을 도박자금으로 쓰는 것과 마찬가지이다. 현실 생활에서 자신이 틀렸다는 것을 잘 알면서도 포기하지 않는 사람들이 많다. 왜냐하면 이미 쏟아부은 비용이 있기 때문에 지금 포기한다는 것은 곧 손실을 의미하기 때문이다. 이러한 생각의 오류 때문에 잘못된 결정을 고집하느라 더 많은 시간과 노력을 쏟아붓는다. 그동안 치른 비용이 아무런 가치도 없는 무의미한 것이 될까봐 고집스레 포기하지 않는 것이다.

이런 이유에서 철학자들은 "때로는 지속하는 것이 포기하는 것만 못할 때가 있다"라고 충고한다. 꿈을 실현하는 과정에서 우리는 수많은 어려운 선택을 해야 한다. 마땅히 포기해야 할 때 포기하지 않는다면 아무것도 얻을 수 없다. 한 가지 목표에 집중하는 것은 때로는 칭찬받을 만한 정신이지만, 그것이 집착과 고집으로 변한다면 이는 곧 자신을 기만하는 것과 다름없다.

인생의 갈림길에서 잘못된 방향을 선택하면 어두컴컴한 막다른 골목으로 들어서며 자신이 바라던 성공과는 점점 멀어질 수밖에 없다. 올바른 방향을 찾아나가기 위해서는 우선 항상 자신이 가는 길에 대해 생각해야 한다. 노력이란 자신이 올바른 길로 가고 있는지 살피지도 않은 채 무작정 머리를 파묻고 일만 하는 것이 아니다. 꿈을 이루기 위한 걸음을 내딛되 수시로 지난 시간을 되돌아보고 정리해야 한다. 가령 어떤 문제가 있었고 그 문제를 어떻게 해결했는지, 끝까지 버텨야 하는지 아니면 과감히 포기해야 하는지 등의 질문을 스스로에게 던지고 고민해야 한다.

그리고 '완성 강박증'에서 벗어나야 한다. 무슨 일이든 한번 시작한 일은 반드시 완성해야 직성이 풀리는 사람이 있다. 이것은 완성에 대한 강박증이라 할 수 있다. 이런 강박증을 가진 이들은 잘못된 선택임을 알면서도 일단 시작한 일은 끝을 내야 한다는 강박감에 중도에서 포기하는 것을 용납하지 못한다. 어떤 일은 과감히 중도에 포기하는 것이 지혜로운 선택일 수 있지만, 강박증을 가진 이들에게 포기란 그리 쉬운 일이 아니다. 이런 강박증에 빠지지 않기 위해서는 일과 생활에서 기준을 세워야 한다. 가령 계획을 세운 업무가 기준에 맞지 않다고 판단될 경우 과감히 포기해야 한다. 그밖에 반드시 해야 할 일의 목록을 만들고 기한을 설정하는 등 현실적인 감각을 키우는 것도 좋다. 동시에 굳이 할 필요가 없는 일의 목록을 만들어 과감히 포기하는 것도 좋다.

또한 다른 사람의 의견에 맹목적으로 휩쓸려서도 안 된다. 포기하고 싶지만 다른 사람의 시선이나 주변 사람들의 의견을 거스르지 못하고 자신의 생각과는 다른 선택을 하는 이들이 많다. 군중심리에 휩쓸려 자신의 생각을 잊은 채 다른 이들의 의견을 맹목적으로 따르는 것이다. 이와 같은 군중심리를 극복하기 위해서는 꾸준하게 지식과 경험을 쌓아 독립적인 사고력과 시시비비를 판별할 수 있는 판단력을 키우는 것이 중요하다.

마지막으로, 가장 중요하다고 생각하는 일만을 해야 한다. 직장이나 학교에서는 물론이고 가정에서도 우리는 수많은 정보를 처리하며 여러 가지 문제에 부딪힌다. 때문에 매순간 가장 중요한 일이 무엇인지, 가장 긴급한 일이 무엇이며, 잠시 미뤄도 되는 일은 무엇인지를 명확하게 구분해야 한다. 저명한 성공학자인 나폴레온 힐Napoleon Hill은 "성공은 가치 없는 일을 하는 것이 아니라 가장 중요한 일을 하는 것이다"라고 말하며 가치 없는 일을 다음 세 가지로 정리했다. 당신의 시간과 노력을 낭비하는 일, 실제로는 완성되는 것은 없으면서도 무언가를 완전하게 이루었다는 착각을 주는 일, 계속해서 반복되어서 평생을 다 해도 끝낼 수 없는 일이 그것이다. 그러므로 가장 중요한 일을 선택하고, 지금 당장 행동으로 옮겨야 한다.

이처럼 자기만의 기준을 가지고 포기해야 할 것과 포기하지 말고 끝까지 버텨야 하는 순간을 구별하는 것은 곧 목표를 향해 가는 지름길을 찾은 것이나 다름없다.

돈은
쓰고 버리는 것이 아니다

●   사람들은 "돈이 있으면 뭔들 못하겠는 가?"라는 말을 입버릇처럼 내뱉는다. 그런데 유럽에서 가장 부유한 국가 중에 하나인 스위스 사람들은 검소한 생활을 하는 것으로 유명하다. 스위스의 1인당 GDP는 8만 달러에 달하지만(2017년 기준), 대부분의 사람들은 꼼꼼하게 지출 계획을 세워 소비활동을 하고 함부로 돈을 낭비하는 법이 없다.

         스위스인은 대부분 실용성을 중시하며 호화롭고 사치스러운 생활을 멀리한다. 예를 들어 2명당 1대 꼴로 차량을 소유하고 있지만 고급 자가용보다는 보급형이나 소형차를 선호한다. 또한 세계적인 명품 시계 브랜드를 보유한 국가임에도 고가의 '롤렉스'나

'오메가'와 같은 고급 시계를 가진 사람은 극히 드물다. 부유한 스위스인도 저렴한 시계를 착용하며, 억만장자라고 불리는 부자들도 평범한 옷차림으로 마트에서 저렴한 물건을 구입해서 생활한다. 스위스인은 누구나 전기를 절약하는 법, 폐기물을 재활용하는 법에 익숙하다. 이처럼 부유하면서도 사치하지 않고 근검절약하는 정신은 우리가 본보기로 삼아 배울 가치가 있다.

이 세상을 살아가는 데에는 의식주를 해결하기 위한 물질적인 부분이 필요하다. 하지만 물질적으로 풍요한 사람일수록 욕망에 휘둘리기 쉽고, 과도한 탐욕을 통제하지 못할 때 그것은 스스로를 무너뜨리는 흉기가 되기도 한다. 이와 반대로 부유하면서 사치하지 않고 내면의 깊이를 추구하는 것이야말로 진정한 삶의 아름다움을 향유하는 생활 태도이자, 꿈을 이루기 위해 순간의 유혹이나 쾌락을 참고 견뎌내는 자세이다. 이런 태도를 통해 우리는 돈의 함정에 빠지지 않고 자기 삶의 주인으로서 물질적 욕망에 구속됨 없이 자유롭게 살아갈 수 있다.

부자임에도 소박하고 근검한 사람이 있는가 하면, 가난뱅이인데도 돈을 물 쓰듯이 하는 사람이 있다. 가난한 사람이 돈을 물 쓰듯 낭비하는 것은 욕망에 휘둘리기 때문이다. 반면에 부자가 사치하지 않고 근검절약하는 것은 참고 견디는 법을 알기 때문이다. 월마트의 창업자 샘 월튼Samuel Walton도 근검절약이 몸에 밴 사람이었다는 것은 잘 알려져 있는 사실이다.

월튼은 평범한 가정에서 태어났다. 하지만 그의 집안도 대공황의 그늘을 피해갈 수 없었고, 안정된 직장이 없었던 그의 아버지는 다른 농부들을 상대로 감정평가사 일을 시작했다. 소규모 농장의 토지 가격을 평가해서 대출을 알선해주고, 나중에 돈을 갚지 못한 농부들로부터 농장을 빼앗고 내쫓는 일이었다. 어린 시절 아버지를 따라다니며 집안 대대로 그 땅에서 살아온 사람들이 땅을 빼앗기고 쫓겨나는 모습을 보면서 월튼은 결코 가난뱅이가 되지 않겠다고 다짐했다고 한다. 일찌감치 현실을 깨달은 월튼은 예닐곱 살 때부터 잡지 판촉일을 했고, 중학교 때부터 대학 졸업 때까지 신문 배달을 하면서 학비를 보탰다. 이러한 경험을 통해 월튼은 돈 한 푼 벌기가 얼마나 힘든 일인가를 뼈저리게 느끼며 절약하는 습관을 갖게 되었다.

훗날 월마트를 창업한 후에도 월튼은 어린 시절부터 몸에 밴 절약의 습관을 바꾸지 않았다. 그는 회사의 임원들이 출장을 갈 때에도 비행기의 일반석을 이용하고 호텔은 반드시 2인실을 사용하게 했다. 월튼 본인도 예외는 아니었다. 회사 자산이 100억 달러를 넘었을 때에도 그는 출장을 가면 중급 호텔에서 직원과 한방을 쓰고 저렴한 식당에서 식사를 했다. 또한 직접 화물차를 운전하여 상품을 마트로 운반하는 일도 많았다. 그는 회사의 임원이 고급 호텔을 이용하거나 회사 공금을 함부로 낭비하는 것을 절대로 용납하지 않았다. 임원들의 사치스러운 습관이 회사를 쇠퇴의 길로 들어서게 만들 것이라고 여겼기 때문이다.

월튼이 어릴 때부터 기른 근검절약의 습관은 월마트의 경영에도 그대로 반영되어 지출을 줄이고 원가를 낮춤으로써 가격경쟁에서 상대 업체를 제압했고, 이는 월마트라는 거대한 체인점을 건설하는 토대가 되었다.

미국의 과학자이자 정치가였던 벤저민 프랭클린Benjamin Franklin은 "부를 쌓는 유일한 방법은 수입보다 지출을 줄이는 것이다. 빚쟁이로부터 괴롭힘을 받지 않고 배고픔의 고통을 겪지 않으려면 충절, 신용, 근검, 고통과 친구가 되어야 한다. 동시에 당신이 벌어들이는 돈 한 푼 한 푼을 함부로 낭비해서도 안 된다"라고 말했다.

당나라의 시인 이상은李商隱은 "역사를 되돌아보면 현인賢人들의 국가는 근검절약으로 성공하고, 사치와 낭비로 패망했다"라고 말했다. 이는 대다수 성공은 근검절약에서 비롯되었고, 실패는 사치와 낭비로 시작되었음을 의미한다. 제아무리 많은 재산을 자랑하는 이라도 언젠가는 그 많은 재산이 바닥나는 날이 올 수도 있음을 잊지 말아야 한다. 따라서 돈은 사용하는 것이지 쓰고 버리는 것이 아니라는 사실을 명심해야 한다.

근검절약하는 정신은 중국은 물론이고 세계 모든 국가들이 추구하는 아름다운 덕목이다. 만일 당신이 마땅히 가져야 할 것을 가지고 또 마땅히 얻어야 할 것들을 모두 얻었다면, 이제는 근검절약을 배워야 할 때이다. 이 세상의 모든 자원은 유한하다. 그 자원이 바닥이 난 후에야 근검절약의 중요성을 깨닫는 것은 아무런 소용이 없다. 외국에서는 부잣집 아이들도 학교에서 쓰레기를 줍고 인도나 풀밭에 버려진 폐지와 음료수 캔을 모아 오면 학교에서 수고비를 준다. 아이들은 그런 일을 하는 것을 부끄럽게 생각하지 않고 오히려 자부심을 느낀다. 왜냐하면 그것은 스스로의 힘으로 돈을 버는 하나의 방식이기 때문이다.

부자이되 사치스럽지 않은 생활 방식은 사람의 내면을 한층 풍요롭게 해준다. 또한 그러한 습관을 가진 이들은 물질을 추구하는 데서도 쉽게 만족감을 느껴 욕망에 휘둘리는 법이 없다. 부자이되 사치스럽지 않은 것은 미덕이며, 성공을 이룬 모든 이들의 특징이다.

어쩌면 당신은 물질적으로 비교적 여유가 있어서 의식주 때문에 걱정할 필요가 없을지도 모른다. 그래도 의식주에 필요한 돈을 버는 일은 매우 어렵고 또 함부로 돈을 낭비하는 것은 값진 노동의 결실을 존중하지 않는 태도라는 사실을 명심해야 한다. 사치

는 인간의 영혼을 좀먹고 진취적인 정신을 갉아먹는 생활 태도이
다. 따라서 큰 성공을 꿈꾸는 이라면 반드시 사치를 멀리해야 한
다. 부자이되 사치스럽지 않은 것은 인생의 지혜임을 잊지 말아야
한다.

고독이
힘이 되는 순간

누구나 인생에서 가장 고독한 시기를 겪게 된다. 따듯하고 찬란한 봄과 같던 날들이 점차 멀어져갈 때, 춥고 외로운 겨울같은 시간을 홀로 견디며 인내와 끈기로 외로움을 떨치는 법을 배워간다. 시인 칼릴 지브란Kahlil Gibran은 "고독은 고귀한 영혼의 반려자이며 슬픔의 동료이다"라고 했다. 하지만 시각을 조금 바꾸어보면 때로는 고독이 즐거움을 가져다주기도 하고, 인내의 시간이 인생의 아름다운 일부가 되기도 한다.

추운 겨울이 오면 모든 것이 바싹 말라 얼어붙는다. 복숭아 나뭇가지도 세찬 바람에 헐벗은 가지를 부르르 떤다. 잔뜩 찌푸린 하늘에서 커다란 눈송이가 휘날리며 복숭아 가지 위로 두텁게 쌓이기 시작하고, 차디찬 시베리아 냉기로 가지를 뒤덮은 눈은 차갑고 딱딱하게 굳어 얼음이 되어버린다. 마치 족쇄를 찬 듯 얼음이 온몸을 짓누르지만 의지할 곳 하나 없이 외롭게 서 있는 나무는 묵묵히 견디며 봄을 기다린다. 그리고 마침내 계절이 바뀌어 따뜻한 봄볕이 내리쬐면 꽃망울이 점차 분홍색 살결을 드러내기 시작한다. 복숭아나무는 고독하고 추운 겨울을 참고 버텼기에 따듯하고 눈부신 봄볕을 맞게 되는 것이다.

● ◖ ◟

미국 67대 국무장관 힐러리 클린턴Hillary Clinton은 "고독을 참고 견뎌야만 최후의 성공을 거둘 수 있다"라고 했다. 힐러리는 자신의 이미지를 '고독한 학자'라고 규정했다. 그녀는 왜 '고독'이라는 말로 자신을 설명하려 했을까? 그 이유를 알기 위해서는 우선 '고독'이라는 단어에 담겨 있는 두 가지 의미를 이해할 필요가 있다. 첫째는 인간은 대중 속에 있어도 고독을 느끼게 마련이다. 하지만 많은 사람들이 자신만이 고독하다고 느끼며 공허감과 패배감에 젖어 인생을 허비한다. 힐러리는 그런 함정에 빠지지 않기 위해 의도적으로 '고독'이라는 말로 자신의 이미지를 규정했을 것이다. 만일 인간이 본래 고독한 존재임을 과감하게 인정한다면, 더 이상 외로움에 휘둘리지 않고 정신적 평안함을 얻을 수 있을 것이다.

또한 외로움이란 자신만이 느끼는 것이 아니며 남녀노소를 막론하고 모든 사람들이 느끼는 감정임을 이해한다면, 한층 수월하게 고독이라는 감정에서 벗어날 수 있을 것이다.

둘째 '고독'이라는 말에는 자기 각성의 의미가 담겨 있다. 많은 사람들이 마음이 통하는 친구와 수다를 떨면서 외로움을 이겨 내려 하고, 조금이라도 외로움을 잊기 위해 친구들과 함께하는 시간에 더 집착한다. 하지만 잡담을 하면서 시간을 보내는 것이 버릇이 되면 그것은 쉽게 벗어나기 어렵다. 이 때문에 학업에 쏟아야 할 소중한 시간을 무의미하게 흘려보내게 되고, 신변잡기의 대화만 반복하는 가운데 사고력의 수준도 떨어지게 된다. 친구들과의 잡담에서 문화, 정치, 사회적 이슈에 대해 토론을 벌이는 사람은 드물기 때문이다.

힐러리가 자신을 '고독'하다고 표현한 것에는 무의미하게 시간을 보내려는 유혹을 떨치고 이를 경계하면서 살아온 자신의 삶을 의미하는 바도 있었을 것이다. 그녀는 실제로 외로운 학자였으며, 학교와 인연을 끊고 미시간 호숫가의 외딴 집에서 혼자만의 연구에 몰두해 있던 웰즐리 여대의 정치학 교수 앤터니 다마토를 찾아가 몇 달 동안 학술 작업을 도우면서 외로운 학자로 사는 법을 배우기도 했다. 그 후 다시 대학으로 돌아온 힐러리는 이미 고독한 학자의 생활 방식과 학습 방식이 몸에 배어 있었고, 고독한 시간을 통해 균형 잡힌 마음을 갖게 된 힐러리는 여러 학자들의 학습 방법을 결합하여 우수한 학문적 성과를 얻기도 했다. 그리고 이 시간은 훗날 그녀의 인생을 위한 거름이 되었다.

심리학자들은 고독을 유형의 고독과 무형의 고독, 두 가지로 구분한다. 유형의 고독은 말 그대로 속마음을 털어놓을 친구가 없는 것은 물론이고 주변에 의지할 사람 하나 없는 상태를 의미한다. 그러나 이러한 유형의 고독감은 주변에 사람들이 하나둘씩 생기면 자연스레 사라진다. 반면에 무형의 고독은 "사람은 많은데 누구 하나 아는 이 없는 군중 속을 헤치고 다닐 때만큼 참기 어려운 고독은 없었다"라는 독일 문학가 괴테Goethe의 말처럼, 존재 자체에서 오는 고독이다. 대다수 현대인들이 이런 외로움을 가지고 살아간다. 하지만 힐러리가 그러했듯이, 고독을 참고 견디는 순간은 또 다른 기회와 가능성을 찾을 수 있는 시간이 되기도 한다.

● ◗ ❘

우리는 가끔 자기 자신의 존재를 잊고 지낼 때가 있다. 바쁘게 돌아가는 일상생활 속에서 우리는 사람들과 교류하고 업무에 집중하느라 가장 중요한 것을 잊고 있다. 그것은 바로 홀로 조용히 사고하는 능력이다. 심리학자 에이브러햄 매슬로우Abraham Maslow는 "혼자 지내는 것은 일종의 심리적 욕구이다. 심리적으로 건강한 사람들 대부분은 일정한 시간을 할애하여 혼자만의 시간을 갖는다. 그러한 시간이 가져다주는 이익은 당신의 상상을 뛰어넘는 다"라고 말했다. 만일 업무나 학업에서 탁월한 성과를 얻고 싶다면 반드시 혼자만의 시간을 가질 필요가 있다. 매슬로우의 말처럼 시간을 내어 자기 자신과 마주하고 내면의 소리에 귀 기울이는 시간 속에서 다음과 같은 뜻밖의 수확을 얻을 수 있기 때문이다.

우선 혼자만의 시간을 가질 때 우리는 한정된 관계에서 벗어날 수 있다. 인간은 사람들과 관계를 맺으며 성장하지만 동시에 그 관계 때문에 한정된 범위에 갇히기도 한다. 이렇듯 한정된 범위 안에 머무는 것은 자신의 발전을 저해하는 요소가 된다. 적당한 고독은 한정된 관계의 범위에서 벗어나 본연의 자신으로 돌아가게 해주고, 한층 성숙한 인간으로 발전하게 해준다. 심리학적으로 고독을 받아들이고 감내하는 것은 그 사람이 인간적으로 성숙해가고 있다는 증거이다.

또한 고독한 시간은 영감을 자극하여 우리 앞에 놓인 문제를 수월하게 해결하도록 도와준다. 많은 국가 지도자나 기업의 CEO들은 항상 일정한 기간 동안 혼자 생각하는 시간을 갖곤 한다. 그들은 복잡한 관계 속에서 사회적 지도자로서 다양한 분야에 적극적으로 영향을 미치고 통제할 수 있다. 하지만 복잡한 관계 속에 오랫동안 파묻혀 있다 보면 오히려 그 관계의 영향을 받아 판단 착오나 잘못된 결정을 내리게 된다. 이때 혼자만의 시간을 가짐으로써 지혜와 판단력을 되찾고 복잡한 관계를 효율적으로 통제할 수 있다. 이와 마찬가지로 직장 생활에서 문제가 생기거나 혹은 부정적 정서에 휘말렸을 때에도 혼자만의 시간을 갖는 것이 문제 해결에 큰 도움이 된다.

심리학에 따르면 고요함 속에서 혼자만의 시간을 가질 때 대뇌의 기억력이 향상될 뿐만 아니라 창의력도 향상된다고 한다. 또한 심신이 평온한 상태에서는 긍정적인 정서의 영향을 받아 근심과 걱정, 내면의 초조감을 해소할 수 있다. 스트레스나 좌절감으로 우울해질 때, 크고 작은 문제에 부딪혔을 때 혼자만의 시간을 가져보라. 고독한 외로움의 시간을 거름 삼아 더 멀리, 더 크게 뻗어나가는 자신의 발견하게 될 것이다.

성공을 가져온
말 한 마디의 힘

● 복잡한 현대사회에서 다양한 사람들과 함께 살아가다 보면 크고 작은 갈등과 분쟁을 피할 수 없다. 자신의 꿈을 향해 나아가는 과정에서도 다른 의견을 가진 이들과 부딪히고 갈등할 수밖에 없다. 갈등이 격화되었을 때, 분노로 마음속에 불덩이가 활활 치밀 때, 당신은 인내할 것인가, 아니면 화산처럼 폭발하고 말 것인가? 이런 경우 반드시 지켜야 할 가장 중요한 원칙은 사람들과의 관계에서 서로를 존중하는 것이다. 상대방의 의견에 반대하더라도 당장 그 의견에 반박하고 나서기보다는 인내심과 여유를 가지고 그 의견을 존중하는 마음을 지켜야 한다.

중국의 고전인 《역경易經》에는 다음과 같은 이야기가 나온다. "같은 일도 어진 자는 어진 측면에서 보고, 지혜로운 자는 지혜로운 측면에서 본다." 이처럼 나와 다른 시각을 가진 이들과 의견이 엇갈리는 것은 흔히 있는 일이다. 그로 인해 크게 분노할 필요도 없고, 누가 옳고 누가 그르냐를 다툴 필요는 더더구나 없다. 왜냐하면 사람은 누구나 저마다의 세계관과 가치관을 가지고 있기 때문이다. 사람들의 사고방식도 제각각이다. 따라서 나와 다른 의견을 가지고 있더라도 그저 각자의 생각이 다른 것일 뿐이라고 인정하고 존중할 수 있어야 한다.

순간의 분노를 참지 못하고 끊임없이 논쟁을 벌인다면, 무의미한 논쟁에서 승리를 거두더라도 당신의 논리가 진리라고 인정받기는 어려울 것이다. 게다가 그 논쟁 때문에 불쾌한 감정에 휘말리게 되며 그 피해는 고스란히 당신에게 돌아오게 된다. 반대로 나와 다른 의견을 너그러운 마음으로 받아들이고 견딜 수 있다면, 다양한 사람들의 의견을 수렴할 수 있을 뿐만 아니라 다른 이들의 지혜를 당신 것으로 만들 수 있다. 이와 같이 다른 이들의 의견을 넓은 마음으로 포용하는 능력은 포기하지 않고 자신이 원하는 바를 이루어나가는 이들의 가장 큰 특징이기도 하다.

● ◐ ◖

오래전 어느 부유한 사업가가 뉴욕의 월가를 지나가다 거리에서

CD를 파는 가난한 노점상과 마주쳤다. 불쌍한 마음이 들었던 그는 별다른 생각 없이 20달러를 꺼내 노점상에게 던져주었다. 하지만 몇 걸음을 걷다가 사업가는 자신의 행동이 부적절했다는 느낌이 들었다. 그는 황급히 몸을 돌려 노점상에게 돌아가 자신이 깜박 잊고 CD를 받아오지 못했다며 정중하게 말했다.

"CD를 파는 당신의 수완이 참 좋은 것 같소. 내가 보기에 당신은 성공한 '사업가' 같소이다."

수년 뒤 그 사업가가 월가의 어느 성대한 파티에 참석했을 때다. 말쑥한 고급정장 차림의 남자가 그에게 다가오더니 미소를 지으며 말했다.

"선생님, 저를 기억하십니까? 비록 성함은 알지 못했지만 저는 지금껏 선생님을 잊은 적이 없습니다. 제가 가난에 찌들어 자포자기하고 있을 때 선생님은 저를 존중해주고 격려해주었습니다. 덕분에 저는 자신감을 되찾을 수 있었습니다. 그때만 해도 저는 평생 길거리에서 CD나 파는 노점상으로 살다 죽을 줄 알았습니다. 그런데 그날 선생님께서 저를 사업가로 대해주셨습니다. 그 덕분에 지금 저는 어엿한 사업가가 되었습니다. 선생님의 은혜를 저는 한시도 잊은 적이 없습니다."

그 사업가는 그제야 그때의 일이 떠올랐다. 눈앞의 훤칠한 젊은 사업가는 바로 몇 년 전 월가의 거리에서 CD를 팔던 노점상이었다. 그는 생각조차 못했던 일이었다. 자신의 몇 마디가 자포자기하며 살던 젊은이의 자존심과 자신감을 되찾게 하고, 마침내 성공을 거둘 수 있도록 만든 것이다. 이것이 바로 타인에 대한 존중이 갖는 가치이다!

● ◖ ◜

앞의 일화에 나오는 노점상은 존중과 격려가 담긴 사업가의 말 덕분에 자존심과 자신감을 회복할 수 있었다. 사업가가 존중하는 마음으로 건넨 격려의 말이 없었다면 노점상은 돈을 벌 수는 있었을지 몰라도 사업가로서 성공하지는 못했을 것이다. 이것이 바로 존중의 가치와 힘이다. 물론 타인과 의견이 엇갈릴 때에는 자신의 의견을 견지하며 상대방의 말에 반론을 펼칠 수 있다. 하지만 그 사람을 존중해야 한다는 사실을 잊어서는 안 된다.

러시아의 문학가 톨스토이Leo Tolstoy 또한 존중에 대해 다음과 같이 말했다. "누군가를 존중하는 것은 그 사람이 반드시 존중받아야 할 가치가 있어서가 아니라 그의 기본원칙을 존중하기 때문이다." 톨스토이의 말처럼 사람들은 저마다 그 누구도 침범할 수 없는 자신만의 원칙이 있다. 다른 사람들의 원칙을 존중하는 것은 중요하지만, 그만큼 자신의 원칙도 존중받아야 마땅하다.

이렇듯 서로 존중하고 존중받는 관계는 갈등하고 반목하는 관계보다 나의 발전을 이루는 데 도움이 되는 것은 물론이고 각자의 꿈에 더 가까이 다가가는 데에도 큰 힘이 된다. 따라서 사람이란 누구나 자신만의 생각이 있음을 인정하고, 다른 이들의 생각을 존중해야 한다. 나의 생각이나 의견을 상대에게 강요해서도 안 되고, 서로 의견이 다를 때에는 자신의 의견만 고집하지 말고 상대방의 의견도 존중할 줄 알아야 한다.

그러기 위해서 무엇보다 중요한 것은 모든 사람을 공정한 마음으로 대하는 태도이다. 사람의 존엄은 평등과 공정이라는 기반 위에서 세워진다. 따라서 언제나 평등하고 공정한 태도로 주변 사람과 일을 대해야 한다. 자신보다 우수한 사람을 대할 때 자신의 존엄을 무너뜨려서도 안 되고, 반대로 나보다 열등한 사람을 대할 때에도 교만해서는 안 된다. 상대방의 장점을 찾아내 평등하게 교류하며 서로를 계발하고 꿈을 이루어나가는 데 도움을 주고받을 수 있어야 한다.

한 시인은 이런 말을 했다. "존중은 맑고 투명한 샘물 같고, 마음을 따뜻하게 해주는 훈풍과도 같다. 사람의 마음을 위로해주고 힘을 내어 분발할 수 있게 해준다. 존중은 성실, 정직, 선량, 관용의 힘으로 속임수, 이기주의, 거짓과 맞서 싸운다."

톨스토이의 말처럼 다른 사람을 존중하는 것은 인간이 갖추어야 할 기본적인 도덕이자 품격 있는 사람이 갖춰야 할 소양이다. 또한 타인에 대한 존중은 인간관계의 가장 중요한 원칙이자, 참고 견디는 능력을 가늠할 수 있는 척도이기도 하다. 현실생활에서 성공한 사람을 존중하는 동시에 실패한 이들에 대해서도 존중하는 마음을 가질 때, 그들의 사례를 거울 삼아 자신의 성공에 한 걸음 더 다가갈 수 있을 것이다.

SNS를 넘어
진짜 나의 세계로

●   "자신의 인생을 사랑하는가? 그렇다면 시간을 낭비하지 마라. 똑같이 출발했는데 시간이 지난 뒤 어떤 사람은 저만큼 앞에서 뛰고 있고, 어떤 사람은 낙오자가 된다. 이것은 주어진 시간을 잘 이용했느냐, 허송세월을 보냈느냐에 달려 있다." 미국의 정치인 벤저민 프랭클린의 말이다.

모든 사람에게 공평하게 주어지는 자원이 있다면 그것은 바로 시간이다. 같은 시간에 얼마나 자신의 노력을 쏟아붓는지가 바로 성공의 기준이 된다. 때문에 성공을 이룬 이들이 가장 중요하게 여기는 것 또한 시간이다. 자신의 분명한 목표를 가지고 나아가는 사람은 자신의 시간을 허투루 낭비하는 법이 없고, 성공한 이들은 자신에게 주어진 시간을 최대한 이용하여 최고의 노력을 한다. 세계 최고의 대학인 하버드 대학교의 교수들도 학생들에게 가장 중요하게 가르치는 것이 바로 시간 관리이다.

페이스북의 설립자 마크 저커버그Mark Elliot Zuckerberg는 똑같은 회색 티셔츠를 입는 것으로 유명하다. 그의 옷장에는 같은 종류의 회색 티셔츠와 후드티, 청바지뿐이라고 한다. 그는 매일 똑같은 옷을 입는 것에 대해서 "나는 내 인생에서 결정 내리는 것을 최소화하고 싶다. 특히 오늘은 무엇을 입을까 신경 쓰는 대신에 내 주변 커뮤니티를 더 돌보는 것이 낫다"라고 말한다.

꿈과 목표를 이루기 위해 우리가 최선을 다해 노력할 수 있는 시간은 하루에 24시간뿐이다. 그 시간을 얼마나 효율적으로 이용하느냐에 따라 전혀 다른 미래가 펼쳐질 수 있다.

● ◐ ◖

회사 업무 때문에 알게 된 관련 업체 직원이 있었다. 그와 SNS에서 친구를 맺고 보니, 그는 하루에도 몇 개씩 SNS에 글과 사진을 올렸다. '성공은 최종적인 게 아니며 실패는 치명적인 게 아니다. 중요한 것은 지속하고자 하는 용기이다', '보다 나은 내가 되기 위해 노력하면 할수록 더욱 많은 행운이 찾아온다' 등의 격언이 담긴 메시지에서부터 자신이 읽은 책, 재미있게 본 영화는 물론이고 산책을 하거나 야근을 하면서 있었던 일상적인 내용을 빠짐없이 사진과 글로 올리며 공유했다. 그런데 어느 순간 그의 SNS가 뚝 끊어졌다. 습관처럼 반복되던 일이 사라지자 그에게 무슨 일이 생긴 것은 아닌지 궁금해졌다. 그래서 나는 메신저를 통해 그에게 물었다.

"혹시 요즘 무슨 일이 있나요? SNS에 글을 잘 안 올리시는 것 같아서요."

한참이 지나서야 그에게서 회신이 왔다.

"사실 제가 얼마 전에 성공적인 직장생활이라는 강연을 들었어요. 그 강연을 듣고 느낀 점이 많아서 그 전문가가 시키는 대로 회사의 핵심 기술과 운영 관리를 공부하고 있어요. 기술 관련 서적도 사서 읽고 공부하느라 SNS를 관리할 시간이 없네요. 그리고 사장님도 이런 제가 마음에 들었는지 팀장으로 승진시켜주셨답니다. 요즘은 날마다 이것저것 공부할 것도 많고 또 처리해야 할 업무가 많아졌어요. 그래서인지 이젠 SNS를 하는 것도 시들해졌네요!"

젊은이들 사이에서 SNS가 유행한 뒤로 여러 가지 현상이 생겨났다. 다양한 정보를 많은 사람들과 공유한다는 것은 물론 SNS의 장점이지만, 부작용 또한 상당하다. 그 부작용 중의 하나가 실제 자신의 삶을 충실하게 꾸려나가기보다는 SNS에서 남들에게 보여지는 삶을 그럴 듯하게 꾸미기 위해 너무 많은 시간과 노력을 소비하는 것이다.

"내일부터 조깅을 하며 체력을 단련하기로 했어!"라며 새로 장만한 조깅화와 조깅복 사진을 SNS에 올리지만, 정작 다음날 그는 조깅을 나가지도 않았을 뿐더러 새로 구입한 조깅화와 조깅복은 그대로 옷장 안의 진열품 신세가 되고 만다. 새로 구입한 책의 표지 사진을 올리지만, 그 책은 책장 한 번 펼쳐지지 못한 채 책상 구석에 처박혀 먼지만 켜켜이 쌓여간다.

이처럼 우리가 실제의 생활보다 SNS에 집착하는 근본적인 원인은 내면이 결핍되어 있기 때문이다. 사소한 성과도 당장에 SNS에 글을 올려 자랑하는 것은 친구들에게 격려 받고 자신의 성취감을 공유하고 싶은 마음 때문일 것이다. 물론 친구들 중에는 당신을 격려하고 칭찬해주는 이들도 있지만, 대부분은 다른 이들의 삶에 큰 관심이 없다. 그럼에도 당신은 그러한 댓글들을 일일이 확인하고 칭찬을 해준 친구에게는 뭐라고 댓글을 달아야 할지, 어떻게 해야 당신의 진심과 우정을 보여줄 수 있을지 머리를 싸매며 고민한다. 현실 생활에서 자신의 내면과 능력을 단단하게 다지기보다는 남들에게 어떻게 보일지에 전전긍긍하며 당신의 시간과 노력을 허비하는 것이다.

이처럼 당신의 시간과 노력을 갉아먹는 것은 SNS만이 아니다. 우리 주위에는 스마트폰을 손에서 놓지 못한 채 인터넷이나 유튜브에서 벌어지는 모든 일에 신경과 관심을 쏟고, 정작 자신의 삶을 제대로 챙기지 못하는 사람들이 많다. 그런 이들에게 나는 인터넷 속 삶이 아닌 현실 생활에 충실하라고 충고한다. 앞에서 말한 관련 업체 직원 역시 정작 중요한 자신의 일을 제대로 챙기지 않고 SNS에만 빠져 살다가 나중에서야 자신의 꿈을 이루기 위해 정말 중요한 것이 무엇인지 깨닫게 되었다.

한번 지나간 시간은 결코 다시 돌아오지 않는다. 나 자신을 위해 노력과 열정을 쏟을 수 있는 시간이 언제나 주어지는 것이 아니다. 누구에게나 주어지지만 결코 돌이킬 수는 없는 시간을 엉뚱한 일에 쏟으며 보낸 후에 후회해봐야 아무런 소용이 없다. SNS에서 보여지는 모습은 나의 진짜 삶을 바꾸지 못하지만, 현실 생활에서 묵묵히 내딛는 한 걸음은 내 인생을 완전히 바꿀 수 있다는 사실을 명심해야 한다.

"승자는 시간을 관리하며 살고, 패자는 시간에 끌려가며 산다"라는 말이 있다. 자신에게 주어진 1분 1초를 무심히 흘려버리는 것이 아니라 적극적으로 관리하고 활용하는 것이 스스로의 삶을 바꾸는 가장 중요한 요소임을 결코 잊어서는 안 된다.

제3장

버틴다는 건
실패를 두려워하지 않고
나아가는 것이다

노력이란
나를 깨닫는 과정이다

●   꿈을 이루기 위해 시련을 견디고 실패 속에서도 좌절하지 않고 다시 일어서는 것은 결코 수동적으로 참고 견디는 것이 아니다. 자신에게 주어진 환경을 적극적으로 받아들이되 진취적인 판단과 사고를 바탕으로 나 자신을 완성해가는 과정이다. 이처럼 인생을 살아가는 지혜로서 인내와 끈기를 기르기 위해서는 인내를 자각의 경지로 단련해야 한다. 끈기와 인내가 자각의 경지에 이르면 자신은 물론이고 삶의 모든 상황에 한층 지혜롭게 대처할 수 있게 된다. 자각의 경지란 자기 나름의 인식을 가지고 삶에 적극적으로 대처하며 자신에 대해 깨닫는 것을 의미한다. 또한 자각은 안으로는 자신의 자아를 발견하고 밖으로

는 창의적 자아를 자유롭게 발휘하는 하나의 의식이다.

　자신에 대해 자각할 때 사회생활은 물론이고 모든 행동에서도 주체성을 발휘할 수 있다. 또한 주체성이 있어야만 어려움 속에서도 앞으로 나아갈 수 있는 힘, 적극적으로 삶을 살아갈 수 있는 의지를 가질 수 있다. 뿐만 아니라 학습을 통해 자신의 내면을 충실하게 하고 지속적으로 자신을 완성해가며 눈앞에 닥치는 다양한 문제도 능숙하게 해결하는 능력을 키울 수 있다. 이 모든 출발점에는 바로 포기하지 않고 끝까지 참고 버티는 인내와 끈기가 있다.

● ◖ ◖

왕강민王江民은 KV 안티바이러스라는 보안프로그램을 개발하며 마흔 살 무렵 중국의 실리콘밸리로 불리는 중관춘中關村에서 지앙민Jiangmin이라는 보안회사를 설립했다. 그리고 수년 만에 지앙민을 중국 대표의 보안업체로 성장시키며 중관춘이 배출한 첫 번째 백만장자로 주목받기도 했다.

　왕강민의 성공을 두고 우연이라고 말하는 이도 있고, 필연이라고 말하는 이도 있다. 왕강민은 불행하게도 세 살 때 소아마비에 걸려 장애를 갖게 되었다. 하지만 그는 정규 대학을 졸업하고 이십대부터 작은 공장에서 엔지니어로 근무했다. 사실 그는 서른여덟 살이 될 때까지만 해도 컴퓨터에 대해서는 문외한이었다. 그런 그가 컴퓨터 소프트웨어를 발판으로 억만장자가 될 수 있었던 기반에는 그의 강인한 정신력과 인내력이 있었다.

왕강민은 중학교 시절부터 자신의 장애를 이겨내기 위해 의식적으로 자신의 의지력을 단련시켰다. 그는 날마다 500미터 높이의 산을 올랐다. 처음에는 불편한 다리 때문에 힘들었지만 하루도 거르지 않고 연습한 결과 나중에는 혼자서도 거뜬히 산을 오를 수 있게 되었다. 수영도 마찬가지였다. 처음에는 물속에서 균형을 잡는 것도 힘들었지만, 피나는 노력으로 모든 영법을 배웠고, 추운 날에도 강이나 바다에 들어가 자신의 체력과 인내력을 단련했다. 처음에는 정상인과 똑같이 연습을 하는 것도 쉽지 않았지만, 시간이 지나면서 정상인보다 더 뛰어난 수영 실력을 갖게 되었다. 그렇게 키운 인내력과 의지는 그가 마흔 살이 넘어서 중관춘에 사업체를 세우고 수많은 동종 업계 경쟁자들과의 살벌하고 무자비한 경쟁에서 살아남는 데 큰 도움이 되었다.

● ◗ ◖

진정한 인내는 자신에 대한 깨달음을 바탕으로 세상과 조화를 이루어나가는 과정이다. 따라서 삶이 순조로울 때와 역경에 부딪혔을 때 대처하는 모습을 보면 그 사람의 수준을 알 수 있다. 왕강민은 자신을 둘러싼 세상을 묵묵히 받아들였지만 절대로 있는 그대로 수용하지 않았다. 모진 세파를 겪은 사람만이 가질 수 있는 도량으로 적극적인 방식으로 자신의 삶을 견뎌내며 자신의 한계를 하나씩 극복해나갔다.

명나라의 정치가 여곤呂坤이 한 국가를 경영하는 요체를 정리하여 지은 책《신음어呻吟語》〈응무應務〉편에는 "외부의 사물에 동요되지 않고 대중의 비판에도 변하지 않아야 큰일을 도모할 수 있다"라는 말이 나온다. 큰 인물은 타인의 비판이나 지적을 흔쾌히 받아들이고 물욕에 흔들리지 않으니, 무릇 큰일을 도모하려면 이처럼 모든 것을 묵묵히 받아들일 수 있어야 한다는 의미이다. 하지만 많은 사람들이 고난을 힘겨워하고, 패배를 견디지 못하며, 모욕을 참지 못하고, 귀에 거슬리는 말을 흘려 넘기지 못한다. 심지어 타인의 호의마저 순수하게 받아들이지 못한다. 그로 말미암아 자신의 삶을 불구덩이 속으로 집어던짐으로써 좋은 성과와 인연을 스스로 걷어차버린다.

이 세상은 내 마음처럼 흘러가지 않는다. 세상이 나에게 우호적이든 그렇지 않든, 냉혹하든 따듯하든 우리는 세상을 그대로 받아들일 수밖에 없다. 다만 반드시 자신만의 깨달음을 가지고 자각적인 방식으로 받아들이며 견뎌야 한다. 참을성과 끈기를 나를 깨닫고 발전시키는 방향으로 발휘해야 하는 것이다. 그것이야말로 나에게 주어진 문제의 해법을 찾는 길이고, 나아가 성공으로 가는 지름길이다.

승부를 결정하는 건
지혜가 아닌 끈기다

● 옛 성현은 "참고 인내하는 것은 고상하고 조화로움은 고귀하다"라고 했다. 성공한 이들의 삶을 살펴보면 끈기를 가지고 참고 인내하는 힘은 개인의 수양에서 나오며, 성공 또한 수양을 통해 길러진 사람의 품성에 의해 좌우되는 것임을 알 수 있다. 성공한 이들은 어떤 도발에도 분노하지 않으며 어떤 굴욕에도 의기소침하지 않는다. 더 나아가 어렵고 힘든 상황 속에서도 오히려 투지를 불태워서 더욱 치열하게 성공을 향해 나아간다. 고난과 역경을 자신이 원하는 것을 얻기 위해 의지를 다잡는 계기로 삼는 것이다.

다시 말해 어려움을 참고 견뎌내는 것은 강자의 태도이자 지혜의 결정체이다. 또한 그러한 태도는 인생의 이상과 목표를 실현하고 삶의 행복을 찾기 위한 지름길이기도 하다. 다른 사람들이 견디지 못하는 상황을 꿋꿋하게 참아낼 때 자신의 역량을 쌓으며 다양한 방면에서 자기발전을 이룰 수 있다. 따라서 자신이 목표한 바를 향해 포기하지 않고 끝까지 나아가는 힘은 이성적인 지혜이자 교양이며 미덕이라고 할 수 있다.

● ◖ ◜

곽자의郭子儀는 당나라 때 4대에 걸쳐 수없이 많은 내란과 외적의 침입으로부터 당나라를 구하며 황제의 두터운 신임을 받은 인물이다. 그는 살아서는 당나라를 구한 명장으로, 죽어서는 성공과 무병장수, 부귀영화의 상징으로 민간신앙에서 신으로 모실 정도이다. 그가 한 시대를 풍미한 정치가이자 전설적인 인물로 후세에까지 명성을 떨칠 수 있었던 비결은 수많은 고비 속에서도 인내심과 신중함을 잃지 않았던 그의 태도에 있었다.

당시 황제 옆에는 어조은魚朝恩이라는 환관이 있었다. 그는 특별한 재능은 없었지만 황제의 비위를 잘 맞추고 아첨에 능해서 황제의 총애를 받았다. 어조은은 자신과 달리 능력도 출중한 곽자의를 견제하며 모함했지만, 황제는 변함없이 곽자의를 신뢰했다. 한번은 어조은이 곽자의가 토번군의 침입을 막기 위해 출전한 사이 남몰래 사람을 시켜 곽자의의 조상의 묘를 훼손했다. 곽자의는 그것이 어조은의 짓임을 잘 알고 있었지만, 전장에서 군사를 지휘하고 있던 터라 섣불리 행동할 수 없었다. 사람들은 곽자의가 전쟁에서 승리를 거두고 돌아오면 가장 먼저 어조은을 축출할 것이라고 생각했다. 하지만 사람들의 예상을 뒤집고 곽자의는 황제에게 이렇게 말했다. "소신이 수년 동안 전장에 있으면서 부하들을 제대로 단속하지 못했습니다. 그래서 일부 부하들이 민가의 묘를 훼손하는 만행을 저질렀습니다. 이번에 저희 조상의 묘가 훼손된 것은 하늘이 소신에게 내린 천벌입니다."

곽자의가 감당해야 했던 모욕은 이뿐만이 아니었다. 황제 역시 곽자의를 존경하면서도 두려워하여 전란이 일어나면 그에게 전쟁과 반란을 진압케 했지만 전쟁이 끝나면 이내 곽자의에게 주었던 모든 권한을 빼앗고 내치기 일쑤였다. 이 같은 일이 수없이 반복되었지만 곽자의는 단 한 번도 항명을 하거나 불평불만을 입에 담지 않았다. 그저 묵묵히 나라를 위해, 백성을 위해 말에 올라 전쟁터로 향하기를 거듭했다. 이 같은 곽자의의 처세는 결국 그의 정적들마저 곽자의의 진심을 깨닫고 그를 존경하고 탄복하게 만들었다. 정적마저도 무릎 꿇게 만든 참을성과 인내심 덕분에 곽자의는 수차례의 정치적 변혁 속에서도 무사히 살아남아 후대에까지 명신으로 이름을 남길 수 있었다. 곽자의는 자신에게 필요한 것은 경거망동이 아니라 그 모든 것을 참으며 꿋꿋하게 견디는 것임을 잘 알고 있었다.

● ◗ ◖

성현들은 인내할 때에는 치욕도 참아야 하고, 고생도 참아야 하며, 불공평한 일도 참아야 한다고 여겼다. 이처럼 어떤 상황에서도 자신의 목적을 위해 끝까지 참고 인내하는 힘은 성공을 위해 반드시 필요한 전략이기도 하다. 동서고금의 수많은 사례들은 모든 혼란의 근원이 참고 버텨내는 끈기와 인내의 부족에 있음을 보여준다.

우리의 삶은 언제나 순풍에 돛 단 듯 순조롭지만은 않다. 이러지도 저러지도 못하는 난감한 상황에 빠질 때도 있고, 혼자 힘으로는 쉽사리 해결할 수 없는 문제에 부딪히기도 한다. 이때 인내와 끈기를 가지고 모든 고난과 역경을 참고 버티는 것은 좋은 해결 방법이 될 수 있다. 반면에 넓은 안목으로 미래를 내다보지 못하는 사람, 경솔하고 무모한 사람은 순간의 화를 참지 못해 한순간에 자신의 앞날을 무너뜨리기 쉽다.

성공한 사람과 실패한 사람의 차이는 재능이나 능력에 있지 않다. 사실 실패한 사람들 중에서도 남들보다 뛰어난 지혜를 가지고 힘들고 고통스러운 일을 견뎌낸 이들이 있다. 그럼에도 실패를 하는 이유는 딱 하나, 인내와 끈기가 부족했기 때문이다.

끈기와 인내심을 가지고 끝까지 포기하지 않는 것은 성공을 위해서 반드시 거쳐야 할 관문이다. 동등한 조건 아래서 승부를 결정짓는 것은 능력이 아니라 바로 그러한 끈기이다. 유방劉邦이 승전을 거둔 뒤에도 왕이 되기를 미루고 식량을 비축하고 성을 축조하며 방어 태세를 강화한 것도 그의 끈기와 노력이 있었기에 가능한 일이었으며, 그와 같은 인내와 끈기 덕분에 유방은 마침내 영광스러운 제업을 이룰 수 있었다. 한신韓信 또한 남의 가랑이 사이를 기어가는 치욕을 참아냈기에 한 시대를 호령하는 영웅호걸이 될 수 있었다. 이러한 위인들의 삶은 우리에게 인내는 삶의 지혜이자 성공을 위한 중요한 소양임을 알려주고 있다.

내가 개척한 길이
곧 성공으로 가는 길이다

● 　　　　　　　당신이 어떤 주장을 했을 때, 주변에 있는 사람 10명이 모두 반대를 했다고 생각해보자. 심지어 그중에는 나와는 정반대의 의견을 펼치는 친구도 있다. 이런 상황에서 당신의 주장을 끝까지 고집하겠는가, 아니면 친구들의 반대에 흔들릴 것인가? 이런 상황에서 대다수의 사람은 주위 사람들의 반대에 흔들리게 마련이다.

인생을 살아가는 과정에서 우리는 무수히 많은 선택 앞에 놓인다. 이때 다른 사람들의 의견을 경청하는 것은 객관적인 판단을 내리는 데에 도움이 된다. 그러나 자칫하면 다른 사람들의 생각에 지배당해서 자신의 주관적인 견해를 잃어버리고 흔들리게 된다.

다른 사람의 의견을 참고할 수 없을 때는 자신의 선입견을 조심해야 하고, 다른 이들의 의견을 들을 때는 자신의 주관을 잃어서는 안 된다.

● ◖ ◖

관련 업체에서 우연히 알게 된 사람이 있었다. 그는 대학에서 컴퓨터를 전공했고, 대학원에서는 인공지능을 공부했다. 졸업 전까지 어느 다국적 기업에서 반년 간 인턴생활도 수료했다. 그런데 문득 전공과 자신이 맞지 않는다고 판단한 그는 수십만 위안에 달하는 높은 연봉과 여러 가지 우대조건을 과감히 포기하고 회사를 그만두었다. 누구도 쉽게 할 수 있는 선택이 아니었기에 많은 사람들이 그의 결정을 이해하지 못했다.

그는 다시 학교로 돌아가 자신이 원하는 공부를 시작했다. 경제, 금융업과 관련된 수업을 듣고, 시간이 날 때마다 철학, 문학 등 전공과 전혀 상관이 없는 책을 꾸준히 읽으며 공부했다. 몇 년 후 그가 졸업을 하게 된 해에 공교롭게도 금융위기가 닥치면서 기업들의 전반적인 연봉 수준이 내려갔다. 하지만 그는 전공지식을 충실히 보완하고 다양한 분야에서 깊은 지식을 얻은 덕분에 과거보다 3배에 달하는 높은 연봉을 받고 새로운 회사에 입사할 수 있었다. 어떻게 그런 선택을 할 수 있었는지를 누군가 물었을 때, 그는 이렇게 대답했다. "사실 우리가 진지하게 고민해야 할 문제는 단순합니다. 만일 현재의 일자리를 잃게 되면 나는 무엇을 할 수 있을까 하는 문제입니다. 가령 작가가 되고 싶다면 자신의 글쓰기 수준이 어느 정도인지 점검해야 합니다. 또 인터넷 상점을 열고 싶다면 온라인 마켓 운영에 관한 구체적인 지식을 갖춰야겠지요. 우리는 대개 남들이 가던 길을 따라가면 훨씬 성공하기 쉽다고 생각합니다. 하지만 사실은 자기만의 길을 개척해야 성공할 수 있습니다."

이렇게 자기 소신을 가지고 스스로의 길을 개척해나가는 사람은 많지 않다. 대부분의 경우 자기가 무엇을 원하는지, 내가 하고 싶은 일은 무엇이며 잘할 수 있는 일은 무엇인지조차 제대로 알지 못한 채 하루하루 살아가기에 급급하다.

나와 같은 동네에 살던 여학생이 진로에 대한 고민이 있다며 상담을 부탁한 적이 있다. 관광학과에 입학한 그 학생은 졸업 후에 무역회사에 입사하고 싶다고 했다. 그러려면 비즈니스 영어를 공부해야 하는데 관광학과에서는 자신이 원하는 비즈니스 영어를 제대로 공부할 수 없다며 어떻게 하면 좋겠느냐고 물었다. 나는 그 학생에게 영어를 제대로 공부하고 싶다면 지금 다니는 학교를 그만두고 다시 시험을 봐서 영문학과에 진학하라고 조언해 주었다. 그러자 그녀는 난감한 표정을 지으며 대답했다.

"그러려면 다시 1년 재수를 해야 하는데, 동기들보다 나이가 많으면 나중에 취업하거나 남자친구 사귀는 게 어려워져요. 그건 힘들 것 같아요."

"그럼 나중에 영문학 대학원에 가는 건 어때?"

내가 다른 방법을 제안하자 그녀는 다시 고개를 저었다.

"요즘은 대학원을 나오면 오히려 학부 졸업생보다 더 심한 취업난을 겪는다는 걸 모르세요?"

"그럼 일단 관광학과를 다니면서 따로 영어 공부를 해봐. 영어 실력만 제대로 갖추면 관광학과를 나왔다고 해서 원하는 무역회사에 들어가지 못하란 법은 없으니까."

"으음, 하긴 그렇네요! 하지만 학점 관리를 하려면 학과 공부도 소홀하게 할 수 없는데 거기다 별도로 영어 공부를 하려면 너무 힘들 것 같아요. 그래도 일단은 노력은 해볼게요. 감사합니다!"

그리고 얼마 지나지 않아 나는 그 여학생이 또 다른 사람을 찾아가 조언을 구하는 모습을 발견했다. 그 사람 역시 나와 크게 다르지 않은 조언을 해주었다. 그 뒤로 그 학생이 또 다른 조언자를 찾아 나섰는지는 알 수 없다.

그녀의 문제는 자신이 무엇을 원하는지 정확하게 알지 못하고, 자신이 원하는 것을 위해 어떤 희생도 하려 하지 않는 것이었다. 무엇이든 다 하고 싶지만 어느것 하나도 잃기 싫고, 행동으로 옮기지도 않는다면 이 세상에서 얻을 수 있는 것은 아무것도 없다.

우리 주위에는 배우자와의 갈등, 부모와의 관계, 감정 관리, 인간 관계에서 생긴 다양한 문제로 쩔쩔매는 사람들이 많다. 이런 사람들은 과감한 행동으로 곤경을 박차고 나올 수가 있는데도 그러지 못하고 제자리걸음만 하며 원망과 한탄을 늘어놓는다.

이런 이들이 잊고 있는 것은 자기 삶의 주인은 다른 누구도 아닌 바로 자신이며, 자신의 삶을 책임지는 사람 또한 바로 자신이라는 사실이다. 우리는 자신의 생각과 의지에 충실한 인생을 살아야 한다. 그러기 위해서는 무엇보다 자기 내면의 소리에 귀 기울이며 자신의 목표를 분명하게 해야 한다. 목표가 생기면 다음은 어떻게 해야 하는지, 자기를 어떻게 통제해야 하는지를 알 수 있다. 당신이 진정으로 원하는 것이라는 확신이 생기면 다른 이들의 생각은 개념치 말고 자신의 인생 목표를 실현하기 위해 노력해야 한다. 다른 사람들의 생각에 우왕좌왕하고 그들의 말 한 마디 한 마디에 흔들려서는 안 된다. 성공한 삶이란 다른 사람들이 만들어 놓은 길을 무조건 따라가는 것이 아니다. 자신이 원하는 것을 이루기 위해 스스로 개척해나가는 삶이야말로 진정으로 성공한 인생이라 할 수 있다.

고정관념을 깨면
혁신이 보인다

● 　　　　　　　　자신의 꿈이나 목표를 이루기 위해서
는 어떤 시련과 난관에도 포기하지 않고 버티는 힘이 무엇보다
중요하다. 하지만 포기하지 않는 인내와 끈기가 자칫 다른 사람
들의 의견에는 귀를 닫아버리고 나만의 길을 고집하는 완고함이
되어서는 안 된다.《논어論語》에서는 "세 사람이 길을 가면 그중에
반드시 나의 스승이 될 만한 사람이 있다"라고 했다. 원하는 바를
이루기 위해 한 걸음 한 걸음 나아가는 과정에서도 분명 나에게
도움이 되고 가르침을 줄 수 있는 사람들을 만나게 마련이다. 그
럴 때에는 언제나 열린 마음으로 그들의 소리에 귀 기울일 줄 알
아야 한다.

사람은 누구나 자신만의 생각의 틀에 갇히는 때가 있다. 꿈을 향해 가는 과정에서 자신만의 편협한 생각에 빠진다면 그것은 곧 실패로 이어질 수밖에 없다. 실패의 확률을 줄이고 자신의 꿈에 더 가까이 다가서기 위해서는 폭넓은 시각과 유연한 사고를 가져야 한다. 비록 자신보다 못하다고 여겨지는 사람의 의견이라도 진심으로 마음을 열고 받아들일 수 있어야 한다. 그것이 바로 지혜로운 인내와 끈기의 방식이다. 꿈을 실현하는 것은 우리가 생각하는 것처럼 간단하지 않다. 꿈이 현실에서 점점 멀어져간다고 느껴질 때, 자신이 지금 지혜롭게 인내하고 있는지 아니면 어리석은 인내를 고집하고 있는지 스스로 되돌아봐야 한다.

미국에 유명한 건물이 하나 있다. 그런데 이 건물의 인구 유동량이 지속적으로 증가하면서 기존의 엘리베이터로는 충당할 수 없는 지경에 이르렀다. 그래서 건물 주인은 엘리베이터를 새롭게 증설하기로 결정했다. 그는 엘리베이터 엔지니어와 건축사와 함께 수차례 현장 점검과 측량 조사를 진행하고 논의를 거친 끝에 각 층의 바닥에 구멍을 내서 엘리베이터를 설치하기로 결정했다.

그런데 설계도면이 완성되고 시공 계획이 완성되었는데, 어느 청소부가 엔지니어에게 이렇게 말했다.

"만일 각 층의 바닥을 파서 엘리베이터를 설치하면 건물 전체가 아수라장이 되고 말 겁니다."

엔지니어가 대답했다.

"그렇지만 어쩔 수 없는 일입니다."

"그럼 건물에 입주한 모든 상점이 휴업을 해야 한단 말입니까?"

"네. 그렇지 않으면 시공 자체가 힘들어지니까요."

그러자 청소부가 무심코 이런 말을 했다.

"나라면 엘리베이터를 밖에다 설치할 텐데."

청소부가 지나가듯 내뱉은 말 한 마디에 세계 최초의 실외 엘리베이터가 탄생하게 되었다.

이처럼 너그러운 마음과 열린 생각으로 다른 이들의 생각을 오해나 편견 없이 받아들일 때 더 수월하게 자신이 원하는 바를 이룰 수 있을 뿐만 아니라 큰 실수를 피할 수 있다.

일본의 도쿠가와 막부 시절 에도 성에서는 일본 최고의 바둑 대국인 오시로고御城棋가 정기적으로 개최되었다. 한번은 일본 최고의 바둑 가문의 후계자인 혼인보 슈와本因坊秀和와 겐난 인세키幻庵因碩의 대국이 열렸다. 이전의 두 차례 대국에서는 혼인보 슈와가 승리를 거두었다. 때문에 인세키에게 세 번째 대국은 매우 중요한 시합이었다. 대국 과정에서 겐난 인세키는 성동격서聲東擊西(동쪽에서 소리를 내고 서쪽에서 적을 친다는 뜻으로, 상대를 기만하여 공격하는 전술을 이르는 말-옮긴이) 전술을 써서 다음 수를 위한 포석을 두었다. 하지만 슈와는 자신의 수에만 집중하면서 겐난 인세키의 전략을 전혀 간파하지 못하고 있었다.

슈와가 인세키의 수에 속아 한 수를 두려고 하던 순간 갑자기 "쩽강" 하는 요란한 소리와 함께 물잔이 바닥으로 떨어져 산산조각이 났다. 바둑 대국을 지켜보던 사람들의 눈길이 모조리 바닥에 깨진 물잔으로 쏠렸다. 집중력이 분산된 슈와 역시 고개를 들고 쳐다보았다. 물잔을 깬 사람은 다름 아닌 그의 제자 슈사쿠秀策였다. 슈와는 화가 나서 슈사쿠를 쏘아보다 문득 초조한 표정으로 자신을 쳐다보는 제자와 눈이 마주쳤다. 뭔가를 암시하는 듯한 눈빛이었다.

슈와는 다시 정신을 가다듬고 바둑판을 찬찬히 살펴보았다. 겉으로는 침착한 표정이었지만 사실 그의 가슴은 철렁 내려앉으며 식은땀이 등줄기를 타고 흘렀다. 방금 전에 한 수를 두려던 곳은 바로 겐난 인세키가 파놓은 함정이었다는 사실을 그제야 깨달은 것이다. 혼인보 슈와는 슈사쿠의 '은밀한 도움'으로 겐난 인세키와의 대국에서 세 차례 모두 승리를 거두었다.

사실 건축학에 대한 지식으로만 따지면 청소부는 엔지니어에 비할 바가 못 된다. 하지만 청소부의 생각은 엔지니어보다 한층 넓었다. 엔지니어는 전문적인 기술을 갖추고 있었지만, 엘리베이터는 무조건 실내에 있어야 한다는 고정관념에 사로잡혀 있었다. 그는 아마도 실외에 엘리베이터를 설치한다는 것은 상상조차 해보지 않았을 것이다. 하지만 청소부는 사고의 틀을 깨고 엘리베이터를 실외에 만들어도 된다는 아이디어를 냈고, 엔지니어는 선뜻 청소부의 의견을 받아들였기에 기존 건축의 틀을 깨뜨린 혁신을 이룰 수 있었다.

슈와 역시 사람들의 관심이 집중되는 중요한 대국에서 제자가 물잔을 깨는 실수를 저질렀을 때 크게 화를 낼 수도 있었을 것이다. 그러나 그 순간 그는 화를 내기보다는 여유를 가지고 제자를 바라보았고 그 눈빛 속에 담긴 암시를 간파할 수 있었다. 그 덕분에 인세키의 함정을 피하고 대국에서 승리를 거둘 수 있었다.

이처럼 자신의 길만을 고집하고 않고 다른 이들의 이야기에 귀 기울이는 열린 마음과 유연한 사고는 실패를 막아줄 뿐만 아니라 새로운 혁신까지 가능하게 한다. 당신의 방법이 잘못되었음을 깨닫는 순간, 사고를 전환해서 막다른 골목으로 치닫는 것을 막아야 한다. 정확하고 올바른 끈기와 인내는 당신의 모든 것을 희생할 가치가 있다. 반면에 맹목적인 끈기와 인내는 당신을 잘못된 길로 들어서게 하여 돌이킬 수 없게 만들 수도 있음을 잊어서는 안 된다.

단점이 아닌
장점에 집중하라

●   사람은 누구나 장점과 단점을 가지고
있다. 자신의 목표나 꿈을 이룬 사람들은 바로 자신의 단점을 최
대한 감추고 보완하며 장점을 강점으로 발전시키는 방법을 아는
이들이다. 저명한 경영학자 피터 드러커Peter Drucker는 "사람은
오직 자신의 강점을 통해서 능력을 발휘할 수 있다"라고 했다. 그
런데 대부분의 사람들은 자신의 강점보다는 약점에 더 많은 관심
을 기울이고, 자신의 강점을 활용하기보다는 약점을 찾아서 고치
는 데에 많은 시간을 할애한다. 혹시 당신도 성공하려면 약점부터
찾아서 고쳐야 한다고 생각하며 약점을 보완하기 위해 더 많은
시간과 노력을 투자하고 있는 건 아닌지 생각해보라.

자신이 원하는 바를 이루고 꿈에 다가가기 위해서는 자신을 정확하게 파악하고 있는 것이 무엇보다 중요하다. 자신의 장점과 단점에 대해서 정확하게 인식하는 것은 물론이고 자신의 단점을 감추고 장점을 최대한 발휘하는 방법에 대해서도 누구보다 분명하게 알고 있어야 한다. 그래야 어떤 상황에서도 자신의 능력을 충분히 발휘할 기회를 발견할 수 있을 뿐만 아니라 자신의 단점을 장점으로 바꿀 수도 있기 때문이다.

따라서 자신의 단점 때문에 위축되고 의기소침할 필요는 없다. 단점을 고치려 시간을 낭비할 필요도 없다. 그보다는 자신의 장점과 단점이 무엇인지를 파악하고 장점을 더 발전시키려 노력하는 것이 중요하다. 사회적으로 성공한 이들 역시 자신의 단점보다는 장점을 부각하고 자신에게 불리한 상황을 유리한 상황으로 역이용하며 한 걸음씩 자신의 목표를 이룬 이들이었음을 잊어서는 안 된다.

존 메이저John Major 전 영국 총리는 집안 형편 때문에 고등학교를 중퇴하고 공사장 인부와 가게 점원, 버스 차장, 보험 중개회사 직원 등 다양한 직업을 전전했다. 중학교 때는 성적이 나빠서 퇴학까지 당했고, 암산 능력이 떨어져서 버스 매표소 일자리에서 거절당한 적도 있었다. 이후 방송 교육 과정으로 학업을 마치고 귀족적 성향의 보수당에서 승승장구해 당시로서는 최연소 영국 총리가 되었다. 그가 총리로 지명되었을 때 그의 학력을 문제 삼는 사람들이 "버스 매표소 일도 제대로 못하는 사람이 어떻게 좋은 수상이 될 수 있겠소?"라고 물었다. 그에 대해 메이저는 이렇게 대답했다. "수상은 매표소 직원이 아니라서 암산을 못해 급급할 필요가 없습니다. 나는 내 장점이 무엇인지를 누구보다 잘 알고 있습니다." 이처럼 자신의 단점 앞에 당당한 그의 태도는 이후 총리로서 영국을 이끌어가는 힘이 되었다.

영국에서 유명한 홉델 소시지의 사장 앨버트 홉델Albert Hobdell은 원래 맨체스터에 있는 작은 학교의 관리인이었다. 그는 학교 정문을 관리하고 방과 후에는 바닥을 청소하고, 칠판을 닦고, 테이블과 의자를 정렬하는 등의 잡다한 일을 하며 일주일에 5파운드를 받았다. 그런데 이 학교에 새로운 교장이 부임하면서 홉델에게 위기가 닥쳤다. 홉델은 자기 이름은 고사하고 글을 읽지도 쓰지도 못했는데, 새로 부임한 교장이 근무 제도를 바꿔서 모든 교직원에게 아침저녁으로 출퇴근부에 서명을 하라고 지시한 것이다. 자신의 이름을 쓸 수 없었던 홉델은 출퇴근부에 서명을 하지 못했고, 교장은 홉델을 해고했다. 학교에서 쫓겨난 홉델은 당장에 생계가 막막했지만, 글을 모르는 그는 다른 일자리를 찾기도 힘들었다.

수차례 면접에서 떨어진 그는 생각을 바꾸기로 했다. 자신의 단점이 드러나지 않는 분야, 즉 글을 읽을 줄 몰라도 할 수 있는 일을 찾기로 결심한 것이다. 마침 그때 이웃의 소시지 가게 주인이 세상을 떠나고 가게가 문 닫을 위기에 놓였다. 홉델은 그동안 모아두었던 돈을 털어서 그 소시지 가게를 인수했다. 그리고 성실하고 열정적으로 가게를 운영하며 적극적으로 소시지를 홍보하기 시작했다. 덕분에 그의 소시지 가게는 나날이 호황을 이루었고, 좋은 기회까지 거머쥔 홉델은 분점을 내고 비행기를 빌려 대대적인 홍보 활동을 진행하면서 활발하게 광고했다.

홉델의 인생은 자신의 단점 때문에 위축되기보다 장점을 찾아서 최대한 부각하는 것이 성공의 비결임을 알려준다. 자신의 단점 속에 갇혀 불리한 상황에서 벗어나지 못하면 계속해서 단점만 부각될 뿐이다. 단점은 삶은 의지력을 깎아먹기도 하지만, 반대로 쇠를 담금질 하듯 강하게 단련시켜주기도 한다. 관건은 당신이 어떤 마음가짐을 가졌느냐이다.

● ◖ ◖

사회과학자 조지 갤럽George Gallup 박사가 설립한 세계적 여론조사 기관 갤럽은 페더럴 익스프레스, 푸르덴셜 증권, 디즈니를 비롯한 〈포춘〉 선정 500대 기업 및 학교, 스포츠 팀에서 일하는 25만 명을 대상으로 40년에 걸쳐서 방대한 인터뷰와 설문조사를 실시하여 탁월한 성공을 이룬 이들과 그렇지 못한 사람들의 차이점을 조사했다. 그 결과 뛰어난 사람들은 자신의 강점에 힘을 집중하는 반면에, 평범한 사람들은 자신의 여러 가지 약점을 고치는 데에 에너지를 낭비하고 있음을 발견했다. 갤럽은 여기에 착안하여 특별한 성공의 기술인 '강점이론strengths' theory'을 발표했다.

강점이론의 핵심은 성공을 하기 위해서는 자신의 약점에 신경을 쓰는 것이 아니라 강점을 찾아서 거기에 집중해야 한다는 것이다. 강점이론에 따르면, 성공과 실패는 자신의 단점을 감추고 강점을 최대한 발휘할 수 있느냐에 달려 있다. 그러나 현실 생활에서 사람들은 대부분 자신의 강점이 무엇인지조차 제대로 파악하지 못하고 있을 뿐만 아니라 알려고 하지도 않는다. 그들이 신경을 쓰며 주목하는 것은 자신의 단점이다. 그로 말미암아 자신의 단점만을 더 많이 부각하며 다른 경쟁자에 비해 불리한 위치에 놓이게 된다. '강점이론'은 우리에게 자신의 단점을 보완하는 데 주력하지 말고 장점을 강점으로 키우는 데 모든 것을 걸라고 주장한다.

'강점이론'에서는 자신의 장점을 잘 활용하고 있는지를 알수 있는 간단한 방법을 알려주고 있는데, 그것은 업무와 학습 방면에서 자신이 가장 잘하는 일을 하고 있는지 스스로에게 물어보는 것이다. 만일 이 질문에 분명하게 긍정적인 대답을 할 수 있다면 그건 곧 당신이 자신의 강점을 발휘하고 있음을 의미한다. 반대로 부정적인 대답을 한다면 당신은 그저 일을 위한 일을 하고 있을 뿐이다.

벤저민 프랭클린은 "삶의 진정한 비극은 우리가 충분한 강점을 갖지 못한다는 데에 있는 것이 아니라 이미 갖고 있는 강점을 충분히 활용하지 못하는 데에 있다"라고 말했다. 강점이론에서 보면 약점은 아무리 고쳐도 평범한 수준 이상을 넘어가지 못한다. 엄청난 노력을 기울여도 약점은 그저 약점에 머무는 경우가 대부분이다. 하지만 강점은 조금만 노력해도 아주 강력한 나만의 자산이 될 수 있다. 따라서 강점이론은 무조건 열심히 하는 것이 아니라 자신의 강점을 찾아내고 그것을 강화하여 약점까지 커버하는 것이 자신의 꿈을 이루는 길이라고 말한다.

드러내지 말고
묵묵하게 나아가라

● 　　　　　　　　《채근담菜根譚》에는 "땅이 낮으면 바다가 되고 사람이 자신을 낮추면 왕이 된다"라는 말이 있다. '낮추다'라는 글 속에는 삶의 지혜가 깃들어 있다. 세상에는 큰일을 도모하기 위해 인내의 과정을 견뎌내는 사람이 있는가 하면 그저 명예를 탐내며 교활한 술수만을 쓰는 이들이 있다. 이 둘 사이에는 행동에도 차이가 드러나는데, 전자가 자신을 드러내지 않고 조용히 움직이는 반면, 후자는 요란하게 자신의 움직임을 알리느라 분주하다.

　　홍콩 최대 기업인 청쿵그룹의 회장 리자청李嘉誠은 자녀를 교육할 때 "나무가 크면 거센 바람에 부딪히기 마련이니 항상 자신을 드러내지 않고 조용히 일하라"라고 강조했다. "자신을 드러내지 않고 조용히 일하는 것"은 세속에 욕심이 없을 때 더욱 강해지는 힘이자 세상풍파를 겪은 경험자의 깨달음이다. 산은 사람들 앞에서 우뚝 솟은 장대함을 자랑하지 않지만, 언제나 하늘을 뚫을 듯한 기세로 변함없이 그곳에 서 있다. 바다 역시 그 깊은 수심을 자랑한 적이 없지만, 여전히 이 세상 모든 강줄기를 받아들일 만큼 광활하다. 대지는 한 번도 그 두께를 자랑한 적이 없지만 여전히 세상 만물을 키워내고 있다. 이처럼 '자신을 드러내지 않고' 조용히 일하는 사람은 이 세상 어디에 있든, 사회적 지위가 높든 낮든 자신만의 세상을 묵묵하게 키워나간다.

자신을 드러내지 않는다는 것은 성공 후의 담담함이다. 자신을 드러내지 않고 조용히 일하는 사람은 너무 심오하여 그 속을 헤아릴 수가 없다. 그들은 항상 담담하게 희생하고, 묵묵하게 일한다. 심지어 큰 성공을 거둔 뒤에도 자신의 명성이나 이익을 자랑하지 않고 평소처럼 일에 열중한다.

무릇 큰 지혜를 가진 현자는 어리석은 바보처럼 보인다는 말이 있다. 살다 보면 가장 좋은 기회를 얻기 위해 기다려야 하는 순간이 있다. 이때 자신을 드러내지 않고 조용히 일하는 사람만이 장기적인 계획을 세우며 기회를 기다린다. 그리고 때가 오면 재빨리 기회를 거머쥐어 세상을 놀라게 할 만한 큰 성취를 이루어낸다.

중국인이라면 중국 최고의 택배 물류회사인 순펑順豐 택배회사를 모르는 사람은 없을 것이다. 하지만 순펑 택배회사를 설립한 왕웨이王衛 회장에 대해 아는 사람은 극소수에 불과하다. 〈창업가〉라는 잡지는 왕웨이 회장을 가리켜 '자신을 드러내지 않는 신비한 택배왕'이라고 부른다.

그는 열일곱 살에 학교를 그만두고 배달부와 청소 일을 하며 돈을 모았다. 그리고 스물세 살이 되던 해에 맨손으로 순펑 택배회사를 창업했다. 한때 택배배달원으로 근무한 경험이 있는 왕웨이 회장은 그 경험을 바탕으로 회사의 경영 원칙을 세우고, 순펑 택배회사에 소속된 택배배달원에게 어느 회사보다 훌륭한 근무 조건을 제시하고 있다. 회사 내부 회의에서든 혹은 공개적 장소에서든 누군가가 순펑과 설립자 왕웨이에 관해 이야기를 꺼내면 이야기의 화제를 다른 데로 돌리곤 한다. 또한 회사 연례회의에서도 항상 "일선에서 근무하는 택배배달원은 순펑 택배의 가장 소중한 자원입니다"라며 회사의 모든 공을 택배배달원에게 돌린다.

왕웨이 회장은 본래 겸손하고 자신을 드러내지 않는 사람으로, 한 번도 자신의 성과를 자랑한 적이 없다. 왕웨이에 대해 아는 사람은 한결같이 그는 자신을 드러내지 않는 사람이라고 입을 모은다. 현재 순펑 택배회사는 직원이 21만여 명에 달하고 연간 수

익은 200억 위안에 달한다. 뿐만 아니라 택배회사를 넘어 항공 등으로 사업을 확장한 결과, 순펑그룹은 중국 내 화물 항공운송량의 17퍼센트를 차지하는 명실공히 중국 최대의 물류회사로 성장했다.

● ◗ ◖

《도덕경道德經》을 보면 "물고기는 깊은 못에서 벗어나서는 안 되고, 나라를 잘 다스릴 수 있는 심오한 도리를 함부로 사람에게 내보여서는 안 된다"라는 구절이 있다. 만일 다른 사람의 칭찬에 우쭐해진 나머지 자신의 모든 것을 내보인다면, 그것은 상대방에게 자신의 비장의 카드나 영업 비밀을 모두 공개하는 것이나 다름없다. 자신의 장점은 물론이고 약점까지도 모두 상대방에게 그대로 알려주는 꼴이 되는 셈이다. 이는 참으로 어리석기 짝이 없는 행동이다.

  사회생활을 하면서 가장 주의해야 하는 것은 말로만 떠드는 것이다. 우리 주변에는 속 빈 강정처럼 으스대며 거드름을 피우는 사람이 많다. 그렇게 하면 자신의 능력이 더 돋보인다고 생각하기 때문이다. 하지만 정작 자신을 과시하며 거드름을 피우는 것은 스스로 하찮고 무지한 존재임을 드러내는 것이나 다름없다. 왜냐하면 사람들은 자기를 과시하고 거드름을 피울 때 자기도 모르는 사이에 단점과 약점을 모조리 노출하기 때문이다.

현실 생활에서 많은 사람이 실패를 하는 이유 또한 자신을 과시하고 거드름을 피우며 만일의 경우를 위한 여지를 남겨두지 않는 데에 있다. 이처럼 자신의 목적이나 의도를 만천하에 자랑하듯 떠벌리면 자연스레 보이지 않는 적수의 계책에 당할 가능성이 크다. 반대로 자신이 드러나지 않도록 일을 처리하고 목적이나 의도를 감추는 사람은 '비장의 무기'를 갖고 있는 것과 같다. 이런 태도를 가진 이들에게는 누구나 도무지 속을 헤아릴 수 없는 신비감과 친근하면서도 함부로 대할 수 없는 경외심을 느끼게 된다. 이와 같은 방식으로 우리는 자신의 목적을 보호할 수 있다.

자신을 드러내지 않으면서도 꿈을 이루고 목적한 바에 다가가기 위해서는 언제나 평상심을 유지하는 것이 무엇보다 중요하다. 공을 세우고 명성을 얻었을 때에도 일상과 다름없는 태도를 유지하며, 자신의 재주만을 믿고 남들을 무시하거나 함부로 대해서는 안 된다. 무릇 태도나 행동에는 그 사람의 생각이 담겨 있게 마련이다. 적절하지 않은 때에 자기 과시를 하며 거드름을 피운다면 제아무리 뛰어난 인재라고 해도 주변 사람들로부터 공공연한 공격을 받을 수 있다.

우리 주변에는 사람들 앞에서 재산이나 능력을 뽐내며 자기 자랑하기를 좋아하는 이가 많다. 하지만 따지고 보면 그들이 자랑하는 능력이란 쥐꼬리만 한 재간에 불과하며, 그런 사람들은 결국 지나친 욕심에 무너지고 만다. 반면에 자신을 드러내지 않는 사람은 자신의 능력을 감추고 묵묵히 역량을 키워서 결국에는 성공을 이룬다. 자신을 드러내지 않는 것은 큰일을 도모하기 위한 자기 수양이며, 자신을 드러내지 않는 태도와 마음가짐은 오히려 자신의 지혜를 돋보이게 한다는 사실을 잊어서는 안 된다.

완벽함이 아닌
탁월함을 추구하라

●　　　　　　　　우리는 어린 시절부터 열심히 공부해
서 1등을 해야 하고, 무엇이든 남들보다 뛰어나야 한다는 교육을
받아왔다. 하지만 그런 사고방식을 가진 이들은 완벽주의라는 굴
레에 묶이게 된다. 무슨 일이든 정확하고 실수 없이 완성해야 한
다는 강박관념에 지칠 대로 지쳐 자신의 진정한 본성마저 잃어가
게 된다. 사실 완벽을 추구하는 것은 일종의 욕망이다. 따라서 우
리는 자신과 세상의 불완전함을 인정하고, 끈기와 인내로 그것을
극복해나가야 한다. 이는 "탁월함을 추구하되 완벽함을 추구하지
않는 것이 행복의 원천이다"라는 하버드 대학의 행복 전도사 질
테일러Jill Bolte Taylor의 말과도 일맥상통한다.

좀 더 완벽하게 일을 처리하고, 모든 면에서 능력을 두루 갖추고 싶어 하는 것은 긍정적이고 적극적인 심리의 표현이다. 하지만 완벽을 추구하며 남들에게 '완벽한 이미지'로 보이기 위해 지나치게 애쓰는 것은 일종의 병적 심리이다. 완벽주의자는 사소한 실수에도 극도로 예민해지고 불안해한다. 그들은 자신뿐만 아니라 주변 사람들과 사물의 불완전성도 받아들이지 못한다.

미국의 베스트셀러 작가 데비 포드Debbie Ford는 이런 말을 했다. "사람은 누구나 부족한 부분이 있다. 하지만 우리는 자신이 원하는 모습이 되려고 애쓰며 스스로를 지치게 한다. 사실 누구나 보이지 않는 곳에 장점을 가지고 있다. 인생의 암흑기에도 그 반대편에는 뜻밖의 삶의 선물이 기다리고 있다. 자신을 과시하고 내세우는 것은 자신감의 표현이고, 질서가 없고 깔끔하지 못한 것은 내면의 자유를 드러내는 것이다. 또한 소심하기 때문에 뜻밖의 재앙을 피해갈 수 있고, 단순하기 때문에 때때로 간단히 문제를 해결하기도 한다. 이러한 단점을 진심으로 포용할 때 우리는 온전한 자신으로 살아갈 수 있다."

데비 포드는 작가가 되기 전까지만 해도 극도로 방탕한 생활을 했다. 그녀는 인생의 목표도, 꿈도 희망도 없이 매일 약물과 술에 의존했으며 남자관계도 문란했다. 그녀의 세계에는 오로지 섹스, 마약, 로큰롤만 존재했다. 스물여덟 살이 되어서야 데비 포드는 정신을 차리기 시작했고, 더 이상 소중한 인생을 낭비하지 말고 자신이 할 수 있는 일을 해야겠다는 생각을 갖게 되었다. 방탕하게 보냈던 지난 세월의 경험은 작가로서 풍부한 창작활동을 이어갈 수 있는 원천이 되었다. 그리고 그녀가 처음으로 발표한 작품《불완전한 나를 받아들이라》는 전 세계적인 베스트셀러가 되었다.

데비 포드는 결코 완벽한 사람이 아니었고, 오히려 수많은 결함을 지니고 있었다. 그러나 그녀는 자신의 불완전함을 받아들이고 완벽한 인생을 만들기 위해 노력했다. 그녀는 "오직 자신만이 스스로를 구제할 수 있다"라고 말한다. 데비 포드는 불완전한 자신을 있는 그대로 인정하고 받아들였다. 하지만 현실 생활에는 그녀처럼 할 수 있는 사람이 많지 않다.

인류의 생산력, 창의력, 올바른 정신력의 최대의 적은 바로 완벽주의이다. 소설가이자 시인, TV 프로듀서와 영화감독으로 미국에서 활발하게 활동하고 있는 줄리아 카메론Julia Cameron은 《아티스트 웨이》라는 자신의 책에서 이렇게 설명했다. "완벽주의는 당신의 길을 가로막는 걸림돌이다. 또한 당신이 만들어놓은 것 속에 갇혀서 전체 판국을 살펴볼 수 있는 통찰력을 잃고 기진맥진하게 만드는 폐쇄적인 시스템이다."

캐나다의 심리학자 고든 플렛Gordon Flett은 1990년대부터 완벽주의를 연구하기 시작했다. 그는 완벽주의자들은 일반적으로 여러 가지 심리적 문제를 가지고 있다는 사실을 발견했다. 심리적 문제를 넘어 심리 질환을 가지고 있는 사람도 있었다. 그는 완벽주의자들을 세 가지 유형으로 분류했다.

첫 번째는 자기지향적 완벽주의자이다. 이들은 자신에게 엄격한 기준을 세우고 자기 행동을 가혹하게 평가한다. 하지만 그 기준을 감당하지 못해 이상적 자신과 실제 자신 간에 괴리가 발생할 때 자존감이 낮아지며 우울감에 빠지게 된다. 우리 주변의 완벽주의자 중에 많은 사람들이 이런 유형에 속한다.

두 번째는 사회부과적 완벽주의자이다. 이런 사람들은 남이 자신에게 높은 기준을 가지고 엄격하게 평가한다고 생각한다. 이러한 유형의 사람들은 새로운 상황을 쉽게 받아들이지 못한다. 실패나 잘못된 결정을 내려 남들의 기대에 부응하지 못할까봐 걱정하고 다른 사람들에게 어리석고 불완전한 모습으로 보여질까봐 두려워한다. 그래서 다른 사람들의 부정적 평가를 지나치게 두려워하고 남에게 관심과 인정을 받는 데 집착하며 다른 유형에 비해 열등의식도 높은 편이다.

세 번째는 타인지향적 완벽주의자이다. 이들은 상대가 완벽하게 일을 처리해내길 바란다. 자신뿐만 아니라 배우자와 자녀, 부하직원 등 자신이 중요하게 여기는 사람에게 높은 기준을 적용하고 완벽함을 강요한다. 이러한 심리는 타인에게 부정적인 영향을 미치고 대인 관계에 심각한 문제를 일으킨다.

●　◖　◖

많은 이들이 완벽을 추구하며 언제나 최선의 결정을 내리려 한다. 하지만 세상에 절대적으로 완벽한 결정은 없다. 우리는 그저 상대적으로 정확한 결정을 추구할 뿐이다. 완벽함이란 사실 현실에서 존재하기 힘들다. 따라서 '불완전함'을 인정하고 자신이 할 수 있는 범위 안에서 최선을 다하되, 그 범위 밖의 일은 있는 그대로 받아들이는 연습을 해야 한다.

고대 그리스 조각의 정수로 손꼽히는 비너스 상은 팔이 없는 상태로 발견되었다. 그동안 숱한 예술가들이 비너스 상의 잘려나간 팔을 복원하기 위해 도전했다. 하지만 다양한 형태로 새로운 팔을 갖다 붙여도 팔이 없는 비너스 상보다 아름답지 않았다고 한다. 이처럼 모든 사물에는 결함이 있고, 어떤 사람도 완벽하지 않음을 인정해야 한다.

사실 우리는 완벽을 추구하는 과정에서 자신의 불완전함을 발견한다. 때문에 모든 '불완전함'을 정확하게 인식하고 그것을 온전히 받아들이도록 노력해야 한다. 어쩌면 '불완전함'만이 진정한 완벽일 수도 있다. 이러한 생각을 갖고 있다면 실수도 줄어들 것이다.

제4장

끝까지 버티기 위해
필요한 것들

바람은 목적지가 없는
배를 밀어주지 않는다

어느 성공학자는 꿈에 대해 이런 말을 했다. "당신의 꿈을 단번에 실현하는 것은 불가능할지 모릅니다. 하지만 그 꿈을 여러 단계로 나누면 한층 실현하기 쉬워집니다." 꿈이란 항상 멀리 떨어져 있어 아무리 노력을 해도 가까이 다가갈 수 없을 것처럼 느껴진다. 하지만 천 리 길도 한 걸음부터 시작되듯이, 아무리 큰 꿈이라도 작은 단계로 나누어 한 단계씩 실현해나가는 것이 중요하다.

사실 대다수 사람이 중도에 포기하는 이유는 극복하기 힘든 시련이나 난관 때문이 아니다. 명확한 목표가 없기 때문이다. 미국 작가 노먼 빈센트 필Norman Vincent Peale은 이런 말을 했다.

"성공한 이들의 공통점은 목표를 가지고 있다는 것이다. 자신이 가야 할 길을 모르거나 자신이 무엇이 되고 싶은지 모른다면, 혹은 자신이 하고 싶은 일이 무엇인지 모른다면 성공할 수 없다."

오늘날 애플의 아이폰은 전 세계 휴대전화 시장의 절반 이상을 차지하고 있다. 또한 높은 판매 실적과 수익률을 기록하며 더 많은 시장을 적극적으로 개척해나가고 있다. 애플은 데스크탑과 스마트폰으로 이전과는 완전히 다른 새로운 시장을 만들어냈고, 지금은 인터넷 세계에서도 점차 혁신적인 변화를 이끌어내고 있다. 애플이 매번 시장의 예상을 뛰어넘는 혁신적인 제품을 만들어낼 수 있는 원동력은 무엇일까? 그것은 기술로 세계를 변화시키겠다는 애플의 명확한 목표 때문이다. 애플이 판매하는 것은 단순한 제품이 아닌 혁신과 변화이다. 그 목표에 대한 몰입과 과감한 결정이 오늘날의 애플을 만든 근본적인 힘이다.

프랑스의 사상가 몽테뉴Michel De Montaigne는 "바람은 목적지가 없는 배를 밀어주지 않는다"라는 말을 했다. 정확한 목적지 없이 항해를 떠나는 선장은 없다. 그것은 죽음과도 같은 일이다. 정확하고 명확한 목표가 없다면 우리는 나침반을 잃은 배처럼 파도에 밀려 표류할 수밖에 없다. 반면에 명확한 목표가 있으면 어떤 결정을 내리고 또 어떤 방향으로 나아가야 하는지를 분명하게 알 수 있다. 우유부단하게 결정을 미루거나 함부로 포기하는 일따위는 생기지 않는다.

하버드 대학에서는 목표의 중요성을 연구하기 위해 국적과 학력, 사회적 지위가 각기 다른 또래의 청년들을 대상으로 그들이 가진 목표에 따라 어떤 인생을 살게 되는지 수십 년에 걸쳐 조사한 적이 있다. 그들 중에서 27퍼센트는 아예 인생의 목표가 없었으며, 60퍼센트는 모호하게나마 목표를 가지고 있었고, 10퍼센트는 단기적인 목표를, 그리고 나머지 3퍼센트만이 명확하고 장기적인 목표를 갖고 있었다. 그리고 25년 후 그들이 사회적으로 어떤 위치에 있는지를 조사했다.

목표가 없다고 대답한 이들 그리고 모호한 목표를 갖고 있던 사람들은 대부분 사회에서 중하층에 머물러 있었다. 이들은 어떤 일을 할 때에 항상 우유부단했으며 쉽게 중간에서 포기하곤 했다. 반면에 단기적 목표나 장기적 목표를 가지고 있던 청년들은 원하는 바를 이루어내겠다는 강한 의지와 끈기를 가지고 있었을 뿐만 아니라 실천력도 뛰어났다. 그리고 대부분 사회 고위층으로 성공적인 인생을 살고 있었다.

이 연구 결과는 목표가 인생의 성공에 얼마나 지대한 영향을 미치는지를 알려준다. 다시 말해, 지금 당신이 어떤 목표를 가지고 있느냐에 따라 10년 후, 20년 후의 성공과 실패가 결정되는 것이다. 만일 성공한 삶을 꿈꾸고 있다면 지금 당장 자신만의 분명한 목표를 가질 필요가 있다.

주의해야 할 점은 막연한 희망과 분명한 목표를 구분해야 한다는 것이다. 많은 사람들이 허황된 희망사항을 목표라고 착각하지만, 명확하고 올바른 목표란 철저히 현실에 기반한 것이다. 다음의 내용이 올바른 목표를 세우는 데 도움이 될 것이다.

첫째, 그저 생각나는 대로 자신이 되고 싶은 것을 이야기하는 것은 목표가 될 수 없다. 개인적인 능력 향상을 목표로 삼는 이들도 있지만, 그러한 목표는 너무 광범위하고 명확성이 부족하다. 따라서 목표는 명확하고 구체적으로 설정해야 하며, 목표량 또한 분명하게 정하는 것이 좋다.

둘째, 목표는 도전적이되 달성 가능한 것이어야 한다. 목표의 달성 가능성은 주로 다음 두 가지를 포함한다. 우선 현재 상황에서 실현 가능성이 있어야 하며, 도전적인 요소가 있어야 한다. 아무리 노력해도 달성할 수 없는 허황된 목표나 별다른 도움이 안 되는, 도전적인 요소가 없는 목표에서는 아무런 발전이나 성취를 기대할 수 없다.

셋째, 목표는 측정할 수 있어야 한다. 목표는 점진적으로 증가하는 명확한 수치로 표시할 수 있어야 한다. 그래서 목표 수치를 정기적으로 조사하고 평가하여 목표를 달성했는지를 판단할 수 있어야 한다. 이렇게 해야만 긴장감을 가지고 자신의 목표를 차근차근 실현해나갈 수 있다.

넷째, 목표는 여러 단계로 나누어 큰 목표와 작은 목표로 구분할 수 있어야 한다. 우선 큰 목표를 세운 뒤에 큰 목표를 이루기 위한 구체적인 작은 목표를 설정하여 이루어나가면 그만큼 실현 가능성이 높아진다.

마지막으로 목표는 시간의 제약이 있어야 한다. 목표를 말하면서 '언젠가는' 혹은 '빠른 시간 안에'처럼 불확실한 일정을 정한다면 목표 달성 여부를 평가할 수 없다. 정확한 기한을 정해야만 긴장감을 가지고 목표를 향해 꾸준히 나아갈 수 있다.

아무런 목적 없이 맹목적으로 참고 버티는 것은 유리처럼 깨지기 쉽다. 반면에 분명한 목표를 세우고 그 목표를 위해 고통을 견디고 이겨내는 과정은 기적을 만들어낸다. 당신에게 세분화된 명확한 목표가 있다면, 그 목표를 향해 가는 과정은 더 이상 고통이 아닌 기쁨과 행복이 될 수 있다.

버티는 삶의
최대의 장애물은?

●   "사소한 어려움도 참고 견디지 못하면 큰일을 도모할 수 없다." 병법으로 유명한 손자孫子의 말이다. 역사적으로 많은 위인들이 이 말을 정신적인 지주로 삼아 자기 앞에 놓인 역경을 참고 견뎠으며, 성공의 기쁨을 꿈꾸며 힘들고 고통스러운 과정을 달게 이겨냈다. 꿈을 실현하는 과정에서 난관이나 시련은 항상 예고 없이 닥쳐온다. 하지만 외부에서 오는 고난이나 역경보다 자신과 싸워 이기는 것이 더 힘든 경우가 있다.

어느 성공학 연구가의 강연에서 인상 깊게 들은 말이 있다. "모든 이의 꿈은 그들 자신에게 달려 있다. 동시에 꿈을 방해하는 여러 가지 난제도 그들 자신에게서 비롯된다." 꿈을 실현하려면 최대의 장애물인 자기 자신을 대면해야 한다. 이는 지극히 어려운 일이지만 일단 자신과의 싸움에서 승리할 수 있다면 모든 것을 이겨낼 수 있는 힘을 얻게 된다. 자신에게서 비롯된 모든 유혹을 이겨낼 수 있을 때 꿈을 이루기 위한 역량은 물론이고 강인한 신념까지도 가질 수 있게 된다.

● ◗ ◖

대학시절에 만난 한 친구는 엄청난 노력파로 과 안에서 항상 5등 안에 들었다. 그런데 어느 날 그가 며칠 동안 수업에 들어오지 않았고, 모두들 연락이 되지 않는 그 친구를 걱정했다. 일주일 가까이 지나서야 그가 넋이 나간 듯 충혈된 눈으로 기숙사에 돌아와 있었다. 무슨 일이 있었는지를 묻는 나에게 그가 말했다.

"아버지가 교통사고를 당하셨어! 지금 위중한 상태로 병원에 입원해 계셔."

"괜찮으신 거야? 지금 누가 병간호를 하고 있는데?"

소스라치게 놀라 묻는 나에게 그는 터져 나오는 슬픔을 애써 감추며 울먹이는 목소리로 말했다.

"괜찮으셔. 다만 앞으로는 일을 할 수가 없대. 지금은 어머니가 병간호를 하고 있어."

시골에서 올라와 힘들게 공부하고 있던 친구였기에 주위 사람들은 그가 더 이상은 학업을 이어가기 힘들 거라고 생각하며 걱정했다. 하지만 한동안 혼자서 다니며 열심히 고민을 하던 그는 이전과 다름없이, 아니 이전보다 더 열심히 공부에 매진하기 시작했다. 이성 친구를 사귀는 것은 물론이고 동아리 모임 같은 데에도 전혀 얼굴을 비치지 않았고, 항상 후줄근한 옷차림으로 검소하게 생활하며 공부만 했다. 그의 기숙사 방은 온통 책으로 가득 채워져 있었다. 온종일 공부만 하는 그는 원하는 자격증은 시험만 보면 합격했고, 해마다 국가에서 지급하는 우수 장학금을 독차지했다.

한번은 그에게 아버지의 상태에 대해 걱정하며 묻자, "지금 내가 할 수 있는 일은 열심히 공부해서 취직을 하는 거야. 지금은 힘들지만 그게 우리 가족을 위해 내가 할 수 있는 유일한 일이야"라고 말하며 품에서 얼룩진 편지 한 통을 꺼내서 보여주었다. 그의 남동생이 보내온 편지였다. 집안의 자질구레한 이야기가 담겨 있던 편지의 내용을 전부 기억하지는 못하지만, 한 가지 잊을 수 없는 내용이 있었다. 그것은 남인 내가 봐도 가슴 아픈 내용이었다.

"형, 아빠가 병원에 입원하신 후로 우리는 엄마가 식당에서 일해서 버는 돈으로 간신히 지내고 있어. 우리집 형편상 학교에 다닐 수 있는 사람은 한 명 뿐이야. 한 사람만 공부할 수 있다면 나는 형이 공부를 했으면 좋겠어. 그래서 난 일부러 수업도 빠지고 공부도 안 하고 있어. 나까지 공부시키느라 엄마, 아빠 힘들게 하고 싶지 않아. 그러니까 형은 내 몫까지 열심히 공부해야 돼! 알았지?"

그의 동생 또한 똑똑하고 성적도 우수한 학생이었지만, 가족을 위해서 학업을 포기한 것이다. 시간이 지난 후에야 나는 왜 그때 편지지가 얼룩져 있었는지 알 수 있었다. 아마도 그 친구가 매일 그 편지를 보면서 눈물을 흘렸기 때문이리라.

대학을 졸업하고 그가 다국적 기업에 인턴으로 취직을 하면서 우리는 가끔 이메일로 안부를 묻는 사이가 되었다. 나는 멀리서나마 그와 그의 가족들이 행복해지기를 바랐다. 하지만 얼마 지나지 않아 그의 동생이 배달을 나갔다가 뺑소니 사고로 죽었다는 소식을 전해 들었다. 그 친구의 고통이 얼마나 컸을지 나로서는 상상조차 할 수 없었다. 이후에 누구보다 성실했던 그는 인턴사원을 거쳐 온갖 풍파를 이겨낸 끝에 본부장 자리에 올랐고, 그의 가족은 모두 미국으로 이민을 갔다. 몇 년 후 동생의 기일에 맞춰 중국에 왔던 그를 우연히 만날 기회가 있었는데, 그때 그는 이런 말을 했다.

"그때 나는 힘들다는 생각도 할 수 없었어. 나를 믿고 의지하는 식구들이 있었으니까. 평생을 다해도 갚을 수 없겠지만 내 동생에게 진 빚을 갚기 위해서라도 모든 걸 포기하고 싶어 하는 나와 싸워서 이겨낼 수밖에 없었어. 지금도 난 혼자 사는 것이 아니야. 내 동생의 몫까지 함께 살고 있는 거야. 지금 내가 할 수 있는 것은 나약해지려는 나를 이겨내고 최선을 다해서 사는 것뿐이야."

가난한 집안 형편에 아버지의 사고와 동생의 죽음까지, 그 시절 그에게는 고난이 끊임없이 이어졌다. 나였다면 아마 절대로 이겨내지 못했을 힘든 상황 속에서도 그는 포기하지 않았다. 포기하고 싶어지는 순간마다 그는 동생을 생각하며 나약해지려는 자신과 싸우며 앞으로 나아가 지금의 자리에 올랐고, 지금도 동생의 몫까지 열심히 살아내려 노력하고 있다.

이렇게 열심히 자신과 싸워나가며 두 사람의 몫을 살아내는 친구가 있는 반면 자신과 타협하고 현실에 안주한 채 세상에 대한 불만만을 토로하는 사람도 있다. 나의 또 다른 친구는 졸업을 한 뒤로 내내 회사생활을 힘들어했다. 한번은 같이 식사를 하다가 보고서 작성 때문에 몇 날 며칠을 고민하며 힘들어하는 나에게 그 친구가 이렇게 말했다.

"1시간이면 충분히 쓸 수 있는 보고서 가지고 뭘 그렇게 고민을 하니?"

"1시간이라고? 그 시간에 보고서를 제대로 쓰는 게 가능해? 대체 어떻게 쓰는 거야?"

내가 놀라서 묻자, 그녀가 대답했다.

"인터넷에서 복사해서 붙여 넣으면 끝이야. 그 대신 질은 보장 못하지! 쥐꼬리만 한 월급 받으면서 보고서 때문에 아등바등 고생하고 싶지 않아. 내 월급에 그 정도 보고서면 충분해."

나는 그제야 친구가 회사생활을 힘들어했던 이유를 알 것 같았다. 그 친구는 월급이 적다고 일을 대충대충 처리했고, 사장은 일을 열심히 하지 않는 직원의 월급을 삭감했다. 이런 악순환이 이어지면서 그 친구는 회사 업무에도 점점 더 의욕을 잃어갔고, 사장도 그런 직원을 친절하게 대할 수만은 없었을 것이다. 그 친구는 나태하고 게을러지려는 자신과 싸우기보다는 그 순간의 편안함에 만족하며 안주해버렸다. 그렇게 자신과의 싸움을 멈추는 순간 세상으로부터 도태되는 것은 한순간이다.

자신의 가치를 결정하는 것은 사장이 당신에게 얼마를 주느냐가 아니라, 당신이 얼마만큼의 가치를 창조했느냐이다. 스스로 새로운 가치를 만들기 위해 자신과 싸우며 한 단계씩 실력을 쌓아나가는 것이 곧 발전이고 꿈과 목표를 향해 가는 과정이다. 대학 시절 함께 공부하며 꿈을 이루기 위해 노력했던 그녀가 사회에서 변해가는 과정을 보며 한편으로는 많이 안타까웠지만, 동시에 그녀의 모습에서 세상과의 싸움에서 이기더라도 자신과의 싸움에서 이기지 못하면 아무 소용이 없다는 또 하나의 교훈을 얻을 수 있었다.

나보다 뛰어난 이들이
나보다 더 노력한다면

● 　　　　　　　　꿈을 실현하는 과정은 너무나 길고 고
통스럽다. 이 세상에 실현된 꿈은 모두가 끈기와 신념으로 끝까지
버텨낸 결과물이다. 그런 과정이 없다면 많은 꿈은 좌초되어 흔적
도 없이 사라지고 말 것이다. 하지만 분명히 알아두어야 할 것은
끝까지 인내하며 버틴다는 것은 무작정 참고 견디며 자신의 의지
를 갉아먹는 것이 아니며, 꿈의 실현을 위해 잠시 칩거하며 기회
를 기다리는 것이라는 사실이다. 종종 그 기다림의 과정이 아주
길어질 수도 있다. 하지만 그 결과는 결코 당신을 실망시키지 않
을 것이다. 따라서 꿈을 이루고 싶다면 묵묵히 인내하며 가장 좋
은 기회가 오기를 기다릴 줄 알아야 한다.

기다림의 고수들은 꿈을 실현하는 데 가장 중요한 것은 시기라 여기며 그 기회가 올 때까지 기다렸다가 실행에 옮긴다. 물론 먼저 계획을 세운 뒤에 행동으로 옮겨야 하는 일도 있다. 하지만 계획을 세운다는 것은 결코 시간을 지연하거나 무작정 기다리는 것을 의미하지는 않는다. 이는 하버드 대학의 앤 샌더버그Anne Sandberg 교수의 말과도 일맥상통하다. 그녀는 "자신의 이상을 보다 빨리, 보다 잘 실현하려면 머뭇거리거나 기다려서는 안 된다. 적극적으로 행동으로 옮겨서 가장 유리한 기회를 잡아야 한다"라고 말했다. 오늘날처럼 하루가 다르게 발전하는 사회에서는 수많은 기회들이 눈 깜짝할 사이에 왔다가 사라지기 십상이다. 당신이 남들보다 빨리 행동으로 옮기지 않으면 가장 좋은 기회를 움켜쥐기 힘들다. 또한 치열한 경쟁 속에서 두각을 나타내기도 어려워진다.

●　◗　◖

중국의 대표적 인터넷 기업인 텐센트에서 처음 위챗(텐센트가 운영하고 있는 모바일 메신저 서비스-옮긴이)을 개발할 당시 팀장을 맡고 있던 장샤오룽張小龍은 QQ 메신저 팀을 맡고 있던 류청민劉成敏에 비해 인맥이나 조건 면에서 한참 뒤처졌다. 회사 내부에서는 누구도 그가 뛰어난 성과를 내리라 기대하지 않았다. 뿐만 아니라 어렵게 위챗을 개발하고 위챗이 어느 정도 궤도에 오르자 이동통신 사업자들의 이익과 충돌이 일어났다. 텐센트는 이동통신을 기반으로 한 회사였기에 류청민은 그들과 타협을 하기로 결정했다. 그는 자신의 팀이 진행하던 개발을 잠시 멈추도록 지시하고 장샤오룽에게도 개발 속도를 늦추도록 했다. 하지만 장샤오룽은 하루가 다르게 변화하는 인터넷 환경에서 위챗의 개발이 조금이라도 늦어진다면 새로운 시장을 놓칠 수 있다고 판단하고 류청민의 제안을 따르지 않았다. 그는 오히려 위챗의 개발에 더욱 박차를 가했고, 그 결과 중국의 모바일 메신저 시장을 선점하며 중국인들 대부분이 사용하는 위챗이라는 거대한 커뮤니케이션 제국을 이루어냈다. 회사 내에서도 주목받지 못하던 장샤오룽이 그처럼 큰 성공을 거둘 수 있었던 것은 순간의 기회를 놓치지 않고 포착했기 때문이다.

많은 사람들은 중요한 선택의 기로에 섰을 때, 자신의 선택이 가져올 수도 있는 나쁜 상황에 대해 고민하며 주저하고 망설인다. 미래에 대한 걱정과 현재 상황에 대한 고민으로 좌고우면하며 행동으로 옮기지 못하고 갈등하느라 시간을 낭비하다 결국에는 아무것도 이루지 못하게 된다.

어느 날 갑자기 기발한 아이디어가 떠올랐다고 해도 그것을 바로 실행으로 옮기는 사람은 거의 없다. 새로운 아이디어의 가능성을 생각하기에 앞서 현재의 상황을 생각하고 미래를 고민하며 두려워한다. 그래서 이런저런 이유를 대며 실천에 옮기는 일을 차일피일 뒤로 미룬다. 그러는 사이에 또 다시 새로운 일이 생겨서 다시 일정을 미루게 되고, 그렇게 미루다 보면 아이디어를 실현하기에는 해결하기 힘든 문제점이 있다는 사실을 새롭게 발견하고 급기야 포기하고 만다. 사람들이 좋은 아이디어라고 부르는 것은 대부분 이런 과정을 거쳐 사라진다.

그런데 얼마 지나지 않아 당신이 구상했던 아이디어를 실천으로 옮기는 사람이 나타난다. 아마 당신은 속으로 비웃을 것이다. '그 일은 불가능해. 나도 진즉에 생각했던 문제야'라고 하면서 말이다. 하지만 예상외로 그 사람은 문제점을 순조롭게 잘 처리해 나간다. 그러면 당신은 또 비웃을지도 모른다. '조금만 더 있어봐라. 열정이 식으면 자신의 무모함에 땅을 치고 후회하게 될 테니' 하고 말이다. 그러나 그 사람은 문제를 해결하고 본격적으로 사업을 키우기 시작한다. 그것을 본 당신은 회식 자리에서 "그 아이디어는 이미 수년 전에 내가 생각했던 거라고. 근데 그때는 시장이 제대로 형성되지 않은 상태여서 어쩔 수가 없었지"라며 동료들에게 변명을 늘어놓을 테고, 동료들은 당신의 말을 그저 허풍이라 여기며 흘려들을 것이다. 급기야 그 아이디어로 일으킨 사업이 신문 1면에 크게 보도되면 당신은 스스로를 위로하며 이렇게 말할 것이다. "그 사업은 불확실성이 너무 컸어. 내가 했더라도 성공하기는 힘들었을 거야. 나는 시작도 안 했기에 실패도 안 했어. 실패 안 했으면 그걸로 된 것 아닌가?" 하고 말이다.

나 역시 마찬가지 상황을 경험했다. 대학을 졸업하기 전에 나름대로 좋은 아이템을 생각해내서 구체적인 사업기획안까지 만들어 여러 사람을 만나 투자를 받으려 했다. 하지만 여러 가지 이유로 망설이다 결국 포기하고 말았다. 그로부터 2년 뒤, 내가 구상했던 아이디어를 사업으로 구체화한 사람의 기사를 보게 되었다. 너무 안타까웠지만 이미 지나간 일은 어쩔 수 없었다. 이후로 그의 사업은 나날이 확장되어 거대한 기업을 이루게 되었고, 그 모습을 보며 나는 땅을 치고 후회를 했다. 그 일을 계기로 나는 큰 교훈을 얻었다.

● ◖ ◖

과감하게 실천으로 옮기는 사람, 도전하는 사람은 실패자가 아니다. 진짜 실패자는 시도조차 하지 않는 사람이다. 영국의 철학자 프랜시스 베이컨Francis Bacon은 "기회를 알아차리고 포착하는 것은 대단히 중요하다. 기회를 발견할 때마다 놓치지 말고 잡지 않으면 안 된다"라고 말했다. 우리는 인내와 기다림을 배워야 하지만 그 기다림을 유일한 출구로 여겨서는 안 된다. 기다림의 시간 동안 당신은 또 다른 가능성과 기회를 찾아 새로운 출구를 만들어나갈 수 있다. 그때는 1분 1초도 지체하지 말고 그 기회를 잡아챌 수 있어야 한다. 설사 실패하더라도 당신은 미처 생각하지 못한 성과를 얻게 될 것이다. 그러므로 지나친 생각이나 걱정은 그만두고 좋은 아이디어나 계획이 있다면 당장 행동으로 옮기는 것이 최고의 방법이다. 무릇 행동해야만 얻는 것이 있다!

타이완의 유명 언론인 천원첸陳文茜은 이렇게 말했다. "우리는 더 이상 젊지 않다. 풍랑처럼 요동치는 세계에서는 우유부단한 사람을 기다려주지 않는다는 사실을 잊지 말아야 한다. 우리가 멈춰서는 것을 선택할 때 다른 이들은 질주를 선택한다. 그리고 이 세상은 그들의 질주 속에서 전혀 다른 세상으로 바뀌어간다."

꿈을 실현하려면 기다림의 시간이 필요하지만 무작정 시기를 기다리기만 해서는 안 된다. 또한 기회를 놓쳤다고 절망해서도 안 된다. 또 다른 기회를 언제까지나 기다리거나 계획을 미루어서는 더더구나 안 된다. 그럴 때에는 방법을 강구하고 스스로 기회를 만들어야 한다.

'하늘은 내가 필요하지 않을 때 기회를 주고 정작 필요로 할 때는 기회를 주지 않는다'라며 불평을 늘어놓고 있는가? 만일 그렇다면 당신은 시기의 진정한 의미를 이해하지 못하는 것이다. 당신이 주식에 대해 완전히 이해했을 때에는 주식시장은 이미 침체기에 접어들고 있을 것이다. 심사숙고 끝에 창업을 결정했을 때에는 이미 시장이 포화상태에 이르고 만다. 자신이 원하는 바를 이루기 위해 끈기를 가지고 버틴다는 것은 무조건적인 기다림이 아니라 자신을 위해 끊임없이 기회를 만들어내는 과정임을 결코 잊어서는 안 된다.

언제나 제로 상태에서
시작하라

●   누구나 살아가면서 성공과 실패를 경험한다. 성공을 했을 때에는 성공의 기쁨에 도취되어 자만에 빠지기 쉽고, 실패를 했을 때에는 좌절하며 실의에 빠질 위험이 있다. 앞에서도 이야기했듯이 성공과 꿈을 향해 나아가는 길은 길고도 험한 여정이다. 한 번의 성공이나 실패에 일희일비하며 긴 여정에서 길을 잃어서는 안 된다. 그러기 위해서는 성공이 가져오는 영예나 실패로 인한 상처를 정확하게 대면할 수 있는 마음가짐, 다시 말해 '빈 잔'과 같은 마음을 가져야 한다.

       그렇다면 '빈 잔'과 같은 마음가짐이란 무엇일까? 자신을 빈 잔이라고 상상해보자. 지금까지 자신이 이루었던 성공이나 명예,

실패나 좌절까지도 모두 마음속에서 지워버린 채 아무것도 없는 제로 상태의 초심으로 돌아가는 것이 바로 빈 잔과 같은 마음이다. 이는 자기 자신을 완전히 부정하라는 의미가 아니다. 과거의 나를 잊고 새로운 환경으로 들어가서 긍정적이고 낙관적인 태도로 새로운 사물을 대하라는 뜻이다. 따라서 지금의 자신에서 한 걸음 나아가 더 많은 지식을 쌓고, 좀 더 큰 꿈을 이루고 싶다면 빈 잔과 같은 마음을 갖는 것이 무엇보다 중요하다. 이는 첫 번째 성공을 거두기는 쉽지만, 두 번째 성공을 이루기는 쉽지 않다고 말하는 성공학의 법칙과도 일맥상통한다. 첫 번째 성공이 두 번째 성공으로 이어지지 않는 이유는 처음의 작은 성공에 취해 초심을 잃어버리기 때문이다. 첫 번째 성공은 잊어버리고 제로 상태에서 다시 시작한다는 마음가짐으로 임할 때 두 번째 성공의 가능성도 높아진다.

● ◗ ◖

토크쇼 프로그램을 즐겨보는 이들은 '토크쇼의 여왕'으로 불리는 오프라 윈프리Oprah Winfrey를 잘 알 것이다. 그녀가 진행하는 프로그램은 23년 연속 TV 토크쇼 분야에서 시청률 1위를 차지했다. 오프라 윈프리의 성공은 매일 최소 700만 명의 관중을 끌어모으는 데 그치지 않았다. 그녀는 미국에서 가장 부유한 여성으로 연간 수입이 2억 7천만 달러에 달하고, 그녀의 몸값은 23억 달러를 웃돌았다. 오프라 윈프리의 이름을 딴 잡지는 매월 판매량이 250만 권에 달했으며, 오프라 윈프리의 북클럽에서 추천하는 책은 출간되자마자 베스트셀러에 올랐다. 뿐만 아니라 스티븐 스필버그Steven Spielberg 감독의 영화 〈컬러 퍼플〉에 조연으로 출연하여 골든 글로브와 아카데미 여우조연상 후보에 오르기도 했다. 또한 미국의 시사주간지 〈타임〉으로부터 '세계에서 가장 영향력 있는 100인' 중의 한 명으로 선정되기도 했다.

오프라는 어떻게 그처럼 큰 성공을 거둘 수 있었을까? 그건 그녀가 항상 빈 잔과 같은 마음가짐을 지니고 있었기 때문이다. 그녀는 엄청난 성공을 거두었지만 동시에 그것을 '망각'했다. 그녀는 언제나 한 번도 성공한 적이 없는 사람처럼 생각하고 행동했기에 항상 새로운 출발점에 서서 새롭게 도전할 수 있었다. 누군가가 오프라에 물었다. "당신의 인생이 성공했다고 생각합니까?" 이 질문에 오프라는 이렇게 대답했다. "한때는 성공을 거두었지만 모두 내게서 떠나갔습니다. 그래서 끊임없이 나의 한계를 극복해야 했죠. 그래야만 진정한 성공을 거둘 수 있거든요!"

오프라 윈프리는 또 이런 말도 했다. "우리는 자기 자신만을 위해서 살아갈 수 없으며 자신의 성공 속에서만 살 수 없다." "삶은 상호작용하기 때문에 끊임없이 변화해야 한다." "자신의 영광을 뛰어넘어야만 진정한 성공을 거둘 수 있다." 오프라 윈프리의 말을 듣다 보면 그녀가 생각하는 '성공'은 끊임없이 자신의 한계를 뛰어넘어 새로운 자신으로 지속적으로 변화하는 것이라는 사실을 알 수 있다.

● ◖ ◜

빈 잔과 같은 마음가짐을 가진 사람은 하루하루를 새로운 시작점으로 삼아 끊임없이 한계에 도전한다. 이런 사람들은 현재에 만족하지 않고 언제 어디서나 새로운 지식을 배우고 자신의 능력을 지속적으로 개발하려 노력한다. 그리고 자신의 지식과 능력으로 새로운 가능성을 만들어내며 꾸준한 자기발전을 통해 한계를 극복한다.

또한 빈 잔과 같은 마음을 가진 이들은 과거의 성공을 잊고 변화를 학습한다. 비판을 받았을 때에는 경계하고 깨우치며, 찬사를 받을 때에는 반성한다. 축하의 꽃다발과 성공 앞에서는 위기를 내다보며, 역경 앞에서는 나아가야 할 길을 잃지 않는다. 이는 빈 잔과 같은 마음의 핵심이자 그 사람이 성숙하고 발전했다는 증거이다.

프랑스의 소설가 로맹 롤랑Romain Rolland은 "기성세대가 도태되는 가장 큰 원인은 나이 때문이 아니라 학습에 대한 열정이 쇠퇴하기 때문이다"라고 말했다. 누구든 배움에 대한 꾸준한 열정을 갖고 자기계발이나 평생 학습에 투자하지 않는다면 지속적인 발전은커녕 시대에 도태되고 과거의 성공에 취해서 자신의 한계를 극복할 수 없게 된다.

데일 카네기는 이런 지적을 했다. "당신의 마음가짐은 당신의 삶에 영향을 미치고, 또 현재의 삶은 당신의 마음가짐이 결정한다. 성공이든 실패든 그것은 이미 과거의 유물이다. 그럼에도 과거의 기억 속에 허우적거리기만 한다면 영원히 발전을 이룰 수 없다. 커다란 포부를 가진 사람들에게 성공은 언제나 '다음 차례'에 있다! 실패를 하는 원인을 보면 종종 과거의 성공 때문인 것을 알 수 있다." 카네기의 이러한 말은 레노버 그룹이 신입사원을 채용했을 때, 그들에게 강조했던 말을 연상시킨다. "먼저 잔 속의 물을 모두 버려라. 그리고 다시 새로운 일을 시작하라!" 이는 과거의 영광이나 성공을 잊어야만 새로운 영광과 성공을 창조할 수 있다는 의미이다.

현실에서 과거에 연연하지 않고 원점으로 돌아가 새롭게 시작하는 사람은 그다지 많지 않다. 성공한 이들은 원점으로 돌아가는 것을 꺼려하고, 실패를 하면 제로 상태로 돌아가야 한다는 것을 잊어버린다.

축구 황제 펠레는 20여 년의 축구 인생에서 총 1,364회의 경기에 참가하여 1,282개의 골을 넣었다. 한 게임에서 8개의 골을 넣으며 신기록을 세운 적도 있다. 그가 1,000번째 골을 넣었을 때, 한 기자가 그에게 물었다. "지금까지 많은 골을 넣었는데, 어떤 골이 가장 만족스러웠습니까?" 이에 펠레는 웃으면서 대답했다. "다음 번 골입니다." 많은 이들의 박수를 받은 함축적이면서도 유머러스한 그의 대답은 우리에게 성공의 진리를 알려준다.

수많은 성공 사례는 우리에게 말해주고 있다. 뛰어난 사람들은 빈 잔과 같은 마음가짐을 가지고 끊임없이 스스로 반성하고, 원점으로 돌아가 새로운 지식을 쌓는 사람들이라는 것을 말이다. 당신도 빈 잔과 같은 마음가짐으로 인생을 꾸려나가라. 그러면 항상 '갈증' 상태에서 새로운 지식과 경험을 쌓으며 끊임없이 자신의 한계를 극복해나가게 될 것이다.

물러서지만
앞으로 나아가는 법

●   《채근담》에는 "작고 좁은 길에서는 한
걸음 멈추어 남을 먼저 가도록 하고, 맛 좋은 음식은 덜어서 남에
게 맛보게 하라. 이것은 세상을 살아가는 가장 안락한 방법의 하
나이다"라는 말이 나온다. 이는 한 걸음 물러서서 양보하는 마음
으로 살면 인생이 즐겁고 편안해진다는 것을 의미한다. 또 중국
속담에 "백 번을 참으면 금이 된다"라는 말이 있다. 이 말 속에는
자신의 주장을 관철시키려 맞서고 대응하기보다는 한 걸음 물러
서는 것의 가치와 의미가 담겨 있다. 어떤 의미에서 보면 더 먼 미
래를 내다보며 지금 한 순간의 손해나 치욕을 감내하고 인내를
선택하는 것은 지혜로운 전략이라고 할 수 있다. 때로는 '이보전

한 번이라도 끝까지 버텨본 적 있는가

진을 위해 일보후퇴하는 것'이 가장 효과적인 공격이 될 수 있다. 전쟁에서 방어와 후퇴가 승리를 거머쥐기 위한 필수 전략인 것과 같은 이치이다.

한 걸음 물러서 양보하는 것은 경쟁에서 패배하는 것을 의미하지 않으며, 원칙을 포기하는 것 또한 아니다. 어떤 경쟁에서는 이보전진을 위한 일보후퇴의 전략으로 다투지 않는 가운데서도 다투는 효과를 얻을 수 있다. 그러한 전략은 목표를 달성하게 해 주는 것은 물론이고 지혜를 돋보이게 한다. 이보전진을 위한 일보후퇴는 인내와 지혜가 담긴 전략이다. 그것은 양보를 전진을 위한 계단으로 삼아 겉으로는 '후퇴'하는 것처럼 보이지만 실제로는 더 크게 '전진'하는 것을 의미한다. 또한 형식적으로 양보하는 모습을 보여 상대방이 '승리감'을 느끼며 경계를 늦추고 공격을 느슨하게 하는 효과를 발휘한다.

●　◖　◖

이탈리아 조각가 미켈란젤로Michelangelo Buonarroti는 위기 앞에서 한 걸음 물러나는 지혜를 아는 사람이었다. 그는 오랜 시간과 노력을 기울여 작업한 끝에 마침내 다비드 조각상을 완성했다. 그런데 준공식이 얼마 남지 않은 어느 날 시장이 일부러 그의 조각상을 살펴보러 왔다.

시장은 이리저리 다비드 상을 뜯어보고 나서는 이렇게 말했다. "참으로 위대한 조각상이오. 그런데 코가 지나치게 크고 오뚝한 게 한 가지 흠이군요." 미켈란젤로는 조각상의 코에 아무런 문제가 없다는 사실을 잘 알고 있었다. 다만 시장이 아래쪽에서 정면으로 조각상을 올려다보았기 때문에 코가 유난히 크고 오뚝하게 보였을 뿐이었다.

하지만 미켈란젤로는 시장의 말을 차마 무시할 수가 없었다. 그래서 비계 위에 올라가 다비드 상의 코를 고칠 준비를 했다. 이때 그는 끌과 망치를 집어 들면서 아무도 모르게 대리석 부스러기 한 줌을 함께 움켜쥐었다. 그러고는 열심히 망치를 두드리는 척하면서 움켜쥐고 있던 대리석 부스러기를 조금씩 떨어뜨렸다. 멀리서 지켜보는 시장의 눈에는 그저 미켈란젤로가 열심히 다비드 상의 코 부분을 다듬는 것처럼 보였다. 이윽고 망치를 내려놓은 미켈란젤로는 시장에게 물었다.

"이제 괜찮습니까?"

그러자 시장은 아까와는 다른 각도에서 다비드 상을 살펴보고 나서는 찬사를 쏟아냈다.

"고치고 나니 훨씬 낫네. 마치 살아 있는 것처럼 보이는군!"

영국 건축가 크리스토퍼 제임스 렌Christopher James Wren의 일화도 이와 비슷한 사례이다. 윈저 시청의 실내 인테리어 설계를

한 번이라도 끝까지 버텨본 적 있는가

맡은 그는 새로운 공법을 도입하여 서너 개의 기둥만으로도 천장을 지탱할 수 있도록 설계했다. 당시로서는 그 누구도 시도하지 않는 생경한 디자인이었다.

몇 년이 지난 뒤 시청이 완공되자 시위원회 원로들이 설계대로 건축되었는지 확인하기 위해 감사에 착수했다. 그들은 불과 서너 개의 기둥이 지붕을 지탱하고 있는 것이 믿기지 않았다. 그리고 그 설계로 안전에 문제가 생길지도 모른다고 판단했다. 원로들은 렌 경에게 기둥 서너 개를 추가하도록 지시했다. 렌 경은 위원회 원로들의 지시가 터무니없는 것임을 잘 알고 있었다. 자신의 설계대로 건축된 천장은 현재의 기둥으로도 충분히 지탱할 수 있었기 때문이다. 하지만 원로들의 지시를 따르지 않았다가는 파면될 것이 분명했다. 이에 렌 경은 약간의 융통성을 발휘했다.

렌 경은 원로들의 뜻대로 인부들에게 4개의 기둥을 추가하도록 지시했고, 덕분에 검수과정도 순조롭게 통과할 수 있었다. 그로부터 오랜 시간이 지난 뒤 원저 시청 건물은 대규모 증축 공사를 하게 되었다. 이때 인부들은 시청의 기둥 4개와 천장 사이에 빈 공간을 발견했다. 겉으로는 그 기둥들이 천장을 안전하게 받쳐주는 것처럼 보였지만, 실제로는 형식적으로 세워둔 것에 불과했다.

미켈란젤로는 한 걸음 물러나는 지혜를 통해 시장의 체면을 세워주는 한편 자신의 예술 원칙을 지키며 작품이 훼손되는 것을 피할 수 있었다. 렌 경도 표면적으로는 원로들과 타협하는 것처럼 보였지만 실상은 자신의 원칙을 그대로 고수했다. 만일 그들이 자존심을 지키기 위해 권위자들과 정면으로 대치했다면 어떻게 되었을까? 당시 시대적 상황으로 봤을 때, 일개의 조각가가 그런 태도를 취하는 것은 계란으로 바위치기에 불과했을 것이다. 하지만 그들은 자신의 예술을 지키기 위해 자존심을 내려놓고 이보후퇴를 선택했다. 그 결과 원칙을 지키면서도 자신을 보호할 수 있었다. 이처럼 진리나 원칙을 지키기 위해서는 때로는 후퇴하고 양보하는 융통성이 필요하다.

● ◖ ◗

어느 외국 학자는 이런 말을 한 적이 있다. "진짜로 지혜로운 사람은 무작정 승부를 다투지 않는다. 필요할 때는 후퇴하며 희생을 감수한다." 한 발 뒤로 물러서는 것은 흔히 사람들이 말하는 굴복이나 투항을 의미하지 않는다. 그것은 인내어린 타협이며, 수양이 담긴 전략이자 서로 양보하며 분쟁을 없애고자 하는 지혜이다. 세상은 복잡한 이해관계로 얽혀 있다. 때로는 자신과 다른 의견을 가진 이들과 교류해야 하고, 작은 갈등이나 마찰로 말미암아 관계가 깨질 때도 있다. 이런 경우 첨예하게 대립하고 옳고 그름을 따지며 상대방의 잘못을 추궁한다면 양쪽 모두 상처를 입게 된다.

지혜로운 사람은 어떤 상황에서도 끈기 있게 참고 견디며 과격한 행동을 하지 않는다. 그리하여 순간의 화를 참으면 평화가 찾아오고, 한 발 물러나면 세상이 넓어 보인다.

총명한 사람은 위기 앞에서는 융통성을 발휘할 줄 안다. 특히 불리한 입장에 처했을 때에는 전진과 후퇴를 자유자재로 구사할 수 있어야 한다. 후퇴하여 역량을 쌓고 좋은 기회를 엿보다가 맹렬히 반격해야 한다. 그런 의미에서 후퇴나 양보는 최대의 진전과 다름없다. 이는 멀리뛰기와도 마찬가지이다. 멀리뛰기 선수들은 좀 더 좋은 기록을 세우기 위해 남들보다 서너 걸음 뒤에서 도움닫기를 하지 않는가?

송나라의 시인 육유陸游의 〈유산서촌游山西村〉이라는 시에 다음과 같은 구절이 나온다. "산이 첩첩하고 물이 겹겹이라 길이 없을 성싶지만, 저 너머에는 버드나무 늘어지고 꽃향기 풍기는 마을이 있다." 힘들고 어려운 상황 뒤에는 좋은 상황이 기다리고 있다는 의미이다. 힘든 상황을 견뎌내기 위해서는 잠시 뒤로 물러나 자신의 지혜와 능력을 키울 줄 알아야 한다. 더 큰 성공을 위해 물러서는 융통성을 가진 사람만이 진정으로 지혜로운 사람이라 할 수 있다.

성공하고 싶으면
성공한 척하라?

● 　　　　　　《주룽지와의 취재》라는 책을 읽으면
서 나는 주룽지朱鎔基(1998년부터 2003년까지 중국의 총리를 역임
한 정치가이자 금융인-옮긴이) 전 총리와 투자의 귀재이자 세계 금
융계의 거두인 조지 소로스George Soros가 대화를 나누는 대목에
서 크게 놀란 적이 있다. 소로스의 뛰어난 집중력과 통찰력은 이
미 세계적으로 널리 알려져 있었지만, 그가 일반인들과는 전혀 다
른 시각을 가지고 있는 것을 보고 다시 한 번 놀라지 않을 수 없
었다. 한마디로 그는 보통 사람들과는 완전히 다른 생각의 구조를
가지고 있었다. 생각의 구조가 커다란 솥단지라면 그 사람이 이룰
수 있는 성공은 솥단지 안에 있는 찐빵과 같다. 찐빵이 제아무리

크다고 해도 솥단지보다 클 수는 없다. 다시 말해서 생각의 구조가 곧 성공의 크기를 결정짓는 것이다.

음식을 사먹는 사람의 세계는 온통 '어느 집의 음식이 더 맛있을까'라는 생각으로 가득 차 있다. 그래서 이리저리 맛집을 찾아다니며 자신의 배를 채운다. 반면에 음식점 주인이 보는 세상은 '소비 수준이 높은 곳은 어디일까? 어떤 곳에 음식점을 차려야 장사가 잘 될까?'라는 생각으로 가득 차 있다. 그리고 이곳저곳을 찾아다니다 장사가 잘 되는 곳에 음식점을 차린다. 농부가 보는 세계는 '어느 곳의 땅이 비옥할까? 어떻게 하면 내 땅을 더 비옥하게 만들 수 있을까?' 하는 생각으로 가득 차 있다.

회사를 운영하는 사장에게는 그만의 생각의 구조가 있고, 팀장에게는 팀장만의 생각의 구조가, 평직원에게는 평직원만의 생각의 구조가 있다. 때문에 그들이 보는 세계는 각기 다를 수밖에 없다. 일반 사람의 생각의 구조는 대단히 한정적이다. 심지어 좁디좁은 자신만의 사고방식에 갇혀 빠져나오지 못하는 사람도 많다. 그렇다면 어떻게 해야 그처럼 편협한 생각의 구조를 활짝 열어젖힐 수 있을까?

●　◖　◖

인터넷에서 이러한 이야기를 본 적이 있다. 여러 해 전 한 소녀가 뉴욕의 번화한 거리에 위치한 부티크에 점원으로 취직했다. 어린 시절부터 가난한 데에다 뉴욕 교외에 있는 싸구려 셋집에서 살던 그녀는 호화롭고 고급스러운 부티크에 처음으로 출근한 날 문화적으로 큰 충격을 받았다. 부티크 안의 세계는 그녀가 살고 있는 세계와는 전혀 다른 곳이었다. 자신과 비슷한 또래의 상류층 여성이 고급 자가용을 몰고 와서 커다란 거울 앞에서 값비싼 옷들을 마음대로 입어보고는 그렇게 값비싼 옷을 몇 벌씩 사가는 것이었다. 그들은 부티크의 여사장처럼 고급스러운 화장에 값비싼 옷을 입은 우아하고 품위 있는 모습을 하고 있었다.

소녀는 속으로 이런 생각을 했다. '여자라면 적어도 저렇게 살아야 하지 않을까?' 그녀의 마음속에서 강렬한 욕망이 치솟아 올랐다. '나도 사장이 되어 저 사람들처럼 살아야지'라고 맹세한 소녀는 특별한 심리적 유희를 벌이기 시작했다. 그녀는 날마다 출근하면 가장 먼저 부티크의 커다란 거울 앞에 섰다. 그리고 이미 자신이 꿈꾸는 사람이 된 듯 자신감 넘치고 상냥한 미소를 지어보였다. 비록 허름한 옷차림이었지만 자신이 고귀한 상류층 여성이라고 상상했다. 사람을 대하거나 일을 처리할 때에도 항상 세련되고 예의바르게 행동하여 고객들에게 칭찬을 들었다. 비록 부티크에서는 잡다한 일을 하는 일개 점원에 지나지 않았지만 그녀는 사장처럼 행동했다. 부티크가 자신의 것이라도 되는 양 모든 일에 최선을 다했다. 그런 소녀가 사장으로부터 총애와 신뢰를 얻는 것은 당연했다. 부티크의 고객들도 사장에게 이렇게 말했다.

"저 여직원이 아주 똑똑하고 재주가 많은 것 같아요."

고객들의 호평에 사장은 소녀를 더욱 신뢰했고, 급기야 소녀에게 새로 문을 연 분점의 총괄지배인을 맡겼다.

시간이 흐르고 점차 그 분야에서 명성을 얻은 소녀는 마침내 자신이 거울 앞에서 상상했던 모습으로 변했다. 바로 세계적인 패션 디자이너 '마담 아네트'로 이름을 날리게 된 것이다.

● ◖ ◖

19세기 미국의 작가 랄프 왈도 에머슨Ralph Waldo Emerson은 "실패자가 된 자신을 상상한다면 성공할 수 없다. 반면에 스스로 성공했다고 상상한다면 헤아릴 수 없는 크나큰 성공을 가져올 것이다"라고 말했다.

내가 처음 강연 활동에 나섰을 때다. 강연 경험이 많지 않던 나는 많은 청중들 앞에서 준비한 말도 제대로 하지 못했다. 단상 아래를 가득 메운 청중들의 모습에 긴장한 나는 가슴이 쿵쾅거리고 머리가 아득해지면서 말이 뒤죽박죽이 되곤 했다. 열심히 강연을 준비했지만, 나의 강연은 좀처럼 나아지지 않았다. 내가 고민을 이야기하자 한 교수님이 나에게 이런 말을 해주었다.

"무서워하지 마세요. 당신이 유명한 성공가라고 생각하세요.

당신이 최고의 전문가이고 단상 아래 사람들은 당신보다 수준이 낮은 사람이라고 생각해보세요. 그렇게 주문을 외우는 것처럼 자기 암시를 하다 보면 강연을 하는 것이 훨씬 수월해질 겁니다."

나는 교수의 조언대로 자기 암시를 했다. 그러자 마음이 한결 가벼워지면서 점차 자신감이 생기고 목소리에 힘이 들어갔다. 강연이 끝나고 우레와 같은 박수가 터져 나오자 나는 내가 성공적으로 강연을 마쳤다는 사실을 알 수 있었다.

미국 하버드 경영대학원 교수이자 사회심리학자인 에이미 커디Amy Cuddy의 연구는 인간의 비언어적 행동인 신체언어가 인간의 심리에 영향을 미친다고 말한다. 말하자면 힘들거나 곤란한 상황에 놓였을 때 힘을 과시하는 어떤 자세를 취하면 실제 힘이 더 세진 것처럼 느껴진다는 것이다. 그것도 단 2분 동안 자세나 몸짓을 바꾸는 간단한 동작만으로 자신감이 커지고 뇌의 기능이 향상된다는 것이다. 이처럼 자신에게 큰힘이나 능력이 있다고 상상하며 그렇게 행동하면 체내 호르몬 수치에 변화가 일어나면서 진짜로 그런 힘이나 능력이 생겨난다는 것이 에이미 커디의 주장이다.

마찬가지로 '성공한 척' 가장하는 것은 스스로 자신감을 북돋우며 성공가처럼 생각하고 행동하게 만든다. 다시 말해서, 새로운 자아를 통해 새로운 생각의 구조와 시야를 갖는 것이다. 만일 당신이 성공하고 싶다면 먼저 성공한 척하라. '성공한 척' 가장하는 것은 성공가의 신념을 당신의 몸속과 혈액 속에 쏟아붓는 것과 같다. 또한 성공가의 기준을 스스로에게 요구하고, 성공가의 사고방식으로 자신의 생각의 구조를 바꾸는 것이다.

성공가처럼 생각하고 성공가처럼 행동하다보면 불가사의한 역량이 생겨난다. 당신의 생각의 구조도 점차 성공가와 비슷해지며 그들의 생각이나 사고방식을 이해하고 추측할 수 있게 된다. 그리고 마지막에는 정말로 성공가로 변신하게 된다.

제5장

그래도 계속
버티는 삶을 위하어

건축가와
정원사의 인생법

●   성공은 단번에 이루어지지 않는다는
사실을 우리는 잘 알고 있다. 성공에 도달하기까지 숱한 고통과
좌절이 우리를 기다리고 있다. 하지만 인내심을 갖고 오뚝이처럼
백 번 넘어지면 다시 백 번 일어서는 끈기를 발휘할 때 비로소 자
신이 원하는 바를 이룰 수 있다. 이처럼 난관에 부딪혔을 때 굴하
지 않고 계속해서 전진하는 것은 성공하는 이들만의 특성이다. 어
렵고 힘들 때 무작정 도망치기만 한다면 우리에겐 희망이 없다.

유명한 작가 파울로 코엘료Paulo Coelho의 소설《브리다
Brida》에는 이런 말이 나온다. "사람들은 살아가면서 두 가지 태도
를 취할 수 있다. 첫째는 건물을 세우듯 삶을 꾸리는 태도이다. 건

한 번이라도 끝까지 버텨본 적 있는가

물은 오랜 시간이 걸리더라도 결국 완성되게 마련이다. 하지만 그 날이 오면 건물을 세운 사람은 자기가 지은 벽에 갇혀 삶을 멈추게 된다. 다른 또 하나는 정원을 가꾸듯 삶을 사는 태도이다. 이러한 태도를 취하면 폭풍우와 사계절의 변화에 시달려 단 한 시도 쉴 새가 없다. 건물과 달리 정원의 식물은 성장을 멈추지 않기 때문에 정원사의 보살핌을 끊임없이 요구하며 그의 삶을 멋진 모험으로 이끌어준다. 건물을 세우듯 삶을 꾸리는 사람은 시시각각 자신의 목표가 얼마나 남았는지, 이렇게 하면 성과를 거둘 수 있는지에만 급급하다. 반면에 정원을 가꾸듯 삶을 사는 사람은 그저 묵묵히 정원을 보살피는 데만 열중한다. 그에게는 정원을 가꾸는 과정이 바로 성과이기 때문이다. 건물을 세우듯 살아갈 것인지 아니면 정원을 가꾸듯 살아갈 것인지는 인생에서 가장 중요한 문제이다."

자신의 꿈을 향해 나아가는 과정에서 우리는 수많은 어려움을 겪는다. 이때 어떠한 마음가짐을 갖느냐가 성공과 실패를 가름하는 관건이 된다. 우리는 이 세상이 더 많은 것들을 보상해주기를 갈망하면서도 정작 이 세상을 위해 자신이 얼마나 희생해야 하는지에 대해서는 간과한다. 그러므로 우리는 노력과 결실의 관계를 이해해야 한다. 무언가를 갖고 싶다면 열심히 노력해서 그 값을 치러야 한다.

어느 탐험대가 사하라 사막으로 들어갔다. 대원들은 푹푹 꺼지는 모래밭을 힘겹게 헤쳐나갔다. 무엇보다 힘든 것은 목이 타들어갈 듯한 심한 갈증이었다. 바로 그때 탐험대장이 물병을 꺼내 대원들에게 말했다. "여기 물 한 병이 있지만 사막을 다 건너기 전까지는 그 누구도 마실 수 없다." 모든 것을 태울 듯이 내려쬐는 강렬한 사막의 햇빛과 타는 듯한 목마름 속에서 그 물병은 탐험대가 반드시 사막을 건너야 하는 신념이자 목숨을 부지해야 하는 유일한 희망이 되었다. 대원들은 번갈아가며 물병을 만져보았다. 묵직한 물병의 무게감에 힘이 불끈 솟는 듯한 기분이었다. 덕분에 마침내 탐험대는 사막을 횡단하는 데 성공했다. 모두가 환호성을 지르며 마침내 물병을 열었다. 그런데 뜻밖에도 물병 속에는 물이 아닌 모래가 가득 채워져 있었다! 물병 안에 정말로 물이 들어 있었던 것은 아니지만, 물을 마실 수 있다는 희망이 모든 대원들이 사막을 건널 수 있는 힘이 되어준 셈이다.

등산에서 가장 어려운 구간은 산을 오르기 시작하는 구간이 아니라 정상을 수십 미터 혹은 수 미터 앞둔 구간이다. 죽음의 사막을 벗어나는 사람은 걸음이 빠른 사람이 아니라 반드시 사막에서 벗어날 수 있다는 희망과 인내력으로 계속해서 한 방향으로 전진하는 사람이다. 인생길은 항상 순탄하지만은 않다. 좌절과 난관이 곳곳에서 발목을 잡아당긴다. 관건은 숱한 노력을 해도 실패했을 때 포기하지 않고 계속해서 도전할 수 있는 끈기와 인내가 있는지 여부이다.

영국의 전 수상 윈스턴 처칠Winston Churchill은 "성공이란 열정을 잃지 않고 실패를 거듭할 수 있는 능력이다"라고 말했다. 우리는 누구나 난관에 부딪힌다. 당신은 난관에 부딪혀 그대로 주저앉는 사람인가, 아니면 끊임없는 노력으로 난관을 돌파하는 사람인가? 우리는 끊임없이 노력하는 법을 배워야 하고, 목표를 달성하기 위한 지치지 않는 열정을 가져야 한다. 만일 열정과 동력, 갈망과 같은 자신만의 원동력을 잃지 않는다면 당신은 위기를 극복하고 돌파할 수 있는 강력한 인내력을 가질 수 있다.

미국 제36대 대통령 시어도어 루스벨트Theodore Roosevelt는 "보통 사람이 성공하는 것은 천부적인 재능 때문이 아니라 평범한 자질을 특별한 수준으로 발전시켰기 때문이다"라고 말했다. 이처럼 우리는 똑같은 난관과 좌절, 실패 앞에서 저마다 다른 선택을 한다. 실패한 뒤 그대로 포기하여 영원히 실패자로 끝나는 사람도 있고, 반면에 다시 도전을 거듭하여 마침내 성공을 거머쥐는 사람도 있다.

참고 견디며 끝까지 버틸 줄 아는 사람은 좌절 앞에서 '다시 한 번 더'를 선택한다. 이는 자신의 노력과 희생에 대한 긍정이자 재도전에 대한 적극적인 격려이다. '다시 한 번 더'라는 마음가짐은 다음 행동을 곧장 실행하고 싶은 간절한 충동을 불러일으켜 계속해서 노력하게 만드는 강력한 원동력이 된다. 반면에 인내력이 부족한 사람은 난관에 부딪혔을 때 쉽사리 포기하며 실낱같은 희망마저 버린다.

이처럼 숱한 난관 앞에서도 결코 포기하지 않고 견뎌낼 수 있는 끈기를 기를 수 있는 방법은 무엇일까? 가장 중요한 것은 확고부동한 신념을 갖는 것이다. 아무리 힘들고 어려운 시련이 닥쳐온다고 해도 결코 포기하지 않겠다고 스스로 다짐해야 한다. 그런 다음 끊임없이 도전해야 한다. 멈추지 않고 도전할 때 우리의 몸에서는 기묘한 변화가 일어나 새로운 동력과 힘을 만들어낸다. 그러므로 스스로를 격려하며 사기를 북돋고 지속적으로 도전할 수 있는 힘을 키워야 한다.

결코 실패를 두려워해서는 안 된다. 끊임없는 도전만이 성공을 이루는 길임을 잊지 말고, 오뚝이처럼 힘을 내어 도전해야 한다. 포기하지 않고 도전할 때 비로소 실패를 넘어설 수 있다.

불가능을 가능으로 만드는
마음의 힘

●   인내는 불가능을 가능으로 만들고 실패를 성공으로 바꾸는 마법과도 같은 힘을 가지고 있다. 성공에 대한 믿음은 성공한 사람들이 기본적으로 갖추고 있는 자질이기도 하다. 믿음이 있기에 참고 버틸 수 있고, 나아가 손쉽게 원하는 것을 이룰 수 있게 된다. 이것이 바로 성공의 논리학이다. 굳은 믿음만 있다면 당신이 바라던 일들을 충분히 이룰 수 있다. 이는 위대한 과학적인 발명의 원동력이기도 하다.

영화배우가 되겠다는 부푼 꿈을 안고 할리우드로 찾아온 젊은이가 있었다. 당시 그가 가진 재산은 고작 100달러가 전부였다. 그 돈으로는 방도 얻을 수 없어 그는 거리에서 노숙을 하고 단

역배우에서 일용직까지 닥치는 대로 일을 하며 힘든 나날을 보냈다. 당시 그에게는 배우가 되겠다는 꿈 이외에는 아무것도 없었다. 훌륭한 배우가 되리라는 꿈과 믿음을 가지고 수많은 영화사를 찾아다녔지만, 평범한 외모에 심한 사투리까지 쓰는 그를 캐스팅해주는 곳은 없었다. 친구들은 그에게 그만 포기하고 평범하게 살라고 충고했다. 그가 배우가 되는 기적이 일어날 가능성은 1퍼센트도 되지 않았다. 하지만 그는 포기하지 않았다.

젊은이는 영화사 500군데를 찾아다니며 오디션을 봤지만 제대로 된 배역은 맡을 수 없었다. 그래도 그는 자신이 훌륭한 배우감이며, 영화사 사람들이 자신의 재능을 알아보지 못하는 것뿐이라고 스스로를 위안했다. 그 후로도 그는 계속해서 영화사의 문을 두드리며 오디션을 보고 떨어지기를 반복했다. 1,500번째 오디션에서 떨어졌을 때에도 그는 포기하지 않았다. 이대로는 안 되겠다고 생각한 그는 새로운 방법을 찾아 다시 도전했다. 자신이 주연을 맡을 수 있는 대본을 직접 써서 제작자들을 찾아다니며 자신이 주연을 맡는 조건으로 대본을 영화화할 것을 제안한 것이다. 수많은 제작자들이 그의 제안을 거들떠보지도 않았지만, 수없는 거절 끝에 마침내 그의 대본을 영화화하겠다는 제작사를 찾을 수 있었다.

무명배우가 직접 쓴 대본에 그가 주연으로 출연하는 영화를 제작하면서 위험을 감수하고 싶지 않았던 제작자는 제작비를 최소한으로 줄이라는 조건을 달았고, 영화는 최소한의 비용으로 28일 만에 완성되었다. 하지만 영화가 개봉된 후 관객들의 반응은 엄청났고, 그해에 미국에서만 제작비의 50배가 넘는 돈을 벌어들였다. 그 영화가 바로 〈록키〉이고, 대본을 쓰고 주연까지 맡은 무명의 영화배우는 다름 아닌 실베스터 스탤론Sylvester Stallone이다.

대다수 영화팬들은 스탤론이 성공할 수 있었던 것은 수없이 오디션에서 떨어지면서도 결코 영화배우의 길을 포기하지 않았던 그의 인내와 끈기 때문이라고 이야기한다. 만일 성공할 가능성이 1퍼센트밖에 없다면 당신은 기꺼이 100배의 노력을 기울이겠는가? 어떤 선택을 할지는 저마다 다를 것이다. 성공할 확률이 너무 낮아서 모험하기를 원치 않는 사람도 있을 것이다. 반면에 1퍼센트의 가능성도 포기하지 않고 최선을 다해 노력하며 불가능을 가능으로 만들려는 사람도 있을 것이다.

● ◖ ◂

하버드 대학 심리학 교수 앨런 랭어Ellen Langer는 보편적인 실체가 아니라 개별적인 가능성을 찾는 데 중점을 둔 '가능성의 심리학'으로 학계의 주목을 받았다. 랭어 교수가 '가능성의 심리학'에서 제안한 첫 번째 가설은 '인간은 자신이 무엇을 할 수 있고 어떻게 변화할 수 있는지를 알 수 없으며 모든 가능성이 열려 있다'

는 것이다. 하지만 인간은 습관에 얽매인 채 사유나 관념, 편견 혹은 고정관념에 갇히기 쉽다. 고정관념에 매여 있을 때 우리는 선입견에 사로잡혀 생각 없이 혹은 으레 그러려니 하며 습관적으로 행동하게 된다. 그리고 사고의 전환이 없이 다른 가능성이 있다는 사실을 무시하게 된다.

랭어 교수는 나이가 들면 쇠약해진다는 것 또한 주입된 개념이라고 말한다. 노인들이 허약해지고 잔병치레를 하는 것은 생리적으로 노쇠해지기 때문이 아니라 습관적으로 자신의 신체와 정신을 방치하기 때문이라는 것이다. 1979년 랭어 교수의 연구팀은 70대 후반에서 80대 초반의 노인 16명을 실험 참가자로 모집하여 이들을 현대적인 편의시설이 거의 없는 한적한 시골 마을로 데리고 갔다. 일주일 동안 실험 참가자들은 20년 전인 1959년 분위기로 꾸며진 집에서 1959년의 텔레비전 방송을 보고 1959년에 듣던 노래를 들었다. 뿐만 아니라 이들에게 마치 자신이 1959년으로 돌아간 것처럼 행동하도록 했다. 랭어 교수팀은 1959년을 살고 있는 양 연기를 하지 말고, 실제 당시 자신의 모습이 되어달라고 요청했다.

실험 결과는 놀라웠다. 20년 전으로 돌아간 것처럼 일주일 동안 생활한 이후, 참가자의 건강에 긍정적인 변화가 일어난 것이다. 청력과 기억력이 향상되었고, 체중이 늘었고, 악력도 현저히 향상되었다. 랭어 교수는 이러한 변화의 동력을 '육체를 지배하는 마음의 힘'이라고 칭하며, 의학이 규정하는 늙음에 맞춰 우리 몸의 상태를 수동적으로 받아들이지 말라고 주장한다. 우리가 스스로를 정해진 틀이나 개념 안에 넣지 않고, 변화할 수 있다는 가능성을 열어둔다면 우리의 몸이 실제로 변할 수 있다는 것이다. 나이가 든다고 반드시 기억력이 감퇴하는 것도 아니다. 이는 뇌신경과학의 연구 결과로도 증명되었다.

그렇다면 노화가 일어나는 원인은 무엇일까? 랭어 교수는 노화의 원인을 다음과 같이 분석했다. "우리는 젊은 시절 자신은 영원히 늙지 않을 것이라고 생각한다. 그래서 활기차게 생활하며 다양한 가능성을 찾아다닌다. 하지만 막상 자신이 늙고 쇠약해진다고 여기게 되면 모든 사물이나 세상에 대해 게으른 정서가 생기고 더 이상 가능성을 찾지 않게 된다. 이는 일종의 노쇠함을 그대로 수용하고 받아들이는 태도이다."

하지만 랭어 교수는 이 세상에 불가능한 일은 없으며, 자신의 믿음만 있다면 불가능을 가능으로 바꿀 수 있다고 말한다. 랭어 교수는 어린 시절부터 테니스를 좋아했지만, 학창 시절에 복사뼈가 골절되었다. 의사는 그녀에게 앞으로 테니스를 치는 것은 고사하고 평생 다리를 절게 될 거라고 했다. 하지만 지금 그녀는 건강하고 생활하고 있으며 여전히 테니스를 즐기고 있다. 30여 년에 걸친 '가능성의 심리학' 연구를 실천하는 과정에서 랭어 교수는 자신의 몸과 마음을 철저히 관리하며 평범하지 않은 시간을 보냈다. 그녀는 이 세상의 모든 일은 도전해볼 가치가 있다고 생각했다. 아마 누군가가 그녀에게 "안 돼"라고 말한다면 그녀는 "왜 안 되는가?"라고 반박할 것이다.

이 세상에는 본래 불가능은 없다. 그저 우리가 불가능을 가능으로 만들기 위해 도전하지 않을 뿐이다. 사실상 우리의 마음속에는 모든 부분에서 문제를 만들어내려는 심리가 있다. 완벽을 갈망하면서도 끊임없이 결함을 만들어내는 것이다. 이처럼 문제가 있다는 시각에서 세계를 보면 문제를 복잡하게 생각하게 된다. 따라서 우리는 자신을 대하는 방식에 주의해야 한다. 자신이 소유하고 있는 것을 최대한 긍정적으로 바라보아야 한다. 그러면 자신이 생각만큼 불행하지 않고 또 생각보다 훨씬 뛰어나다는 사실을 깨닫게 될 것이다. 마찬가지로 수많은 불가능도 가능으로 충분히 변화할 수 있음을 알게 될 것이다.

공사장에서 얻은
깨달음

●　　　　　　　얼마 전 대학 동창들과 함께 대학 시
절 교수님을 모시고 저녁식사를 하게 되었다. 오래간만에 찾아온
제자들이 반가우셨는지 교수님은 이런저런 이야기를 하다가 교
수님의 아들 이야기를 꺼내놓으셨다. 교수님에 따르면 중학교 때
까지는 말도 잘 듣고 공부도 곧잘 하던 아들이 고등학교에 들어
간 후 한동안 공부에는 손도 대지 않고 방황을 했다고 한다. 성적
은 곤두박질쳤고 그럴수록 아들은 더 공부에서 멀어졌다. 하루는
교수님이 아들을 불러서 공부를 안 하는 이유에 대해 물었다. 그
러자 아들은 학업 스트레스 때문에 너무 괴로워하다가 결국 공부
를 포기하게 되었다고 대답했다. 그리고는 크게 마음 먹은 듯이

교수님에게 말했다.

"아버지, 전 더 이상 공부하고 싶지 않아요. 학교를 그만두고 아르바이트를 할래요."

교수님은 한동안 고민을 하다가 흔쾌히 허락했다. 그리고는 아들을 어느 공사 현장으로 데리고 갔다.

"공부도 그만두었으니 이제 네 앞가림은 스스로 해나가야 한다. 당분간 여기서 일하면서 네 용돈이나 생활비는 직접 벌어서 쓰도록 해라."

그날부터 교수님의 아들은 현장 소장의 지시에 따라 날마다 벽돌과 건축자재를 나르며 막노동을 했다. 첫날은 두 손에 물집이 생기고 퉁퉁 부어올라 손을 쥘 수조차 없었다. 그렇게 공사장에서 일하던 교수님의 아들은 열흘 만에 백기를 들고 투항했다.

"아버지, 저 그냥 학교로 돌아가 공부할래요."

그런 아들을 교수님은 아무 말 없이 받아주며 조용히 타일렀다.

"그래, 학교로 돌아가려무나. 이젠 네 삶을 책임진다는 게 어떤 의미인지 깨달았을 게다."

그 후 교수님의 아들은 180도 변해서 완전히 다른 사람이 되어 공부에 열중하기 시작했다. 덕분에 성적도 차츰 올라갔고, 명문대학교에 진학하여 대학원 과정까지 밟고 박사가 되었다. 나중에 아들은 그때의 일을 떠올리며 교수님에게 이렇게 털어놓았다고 한다. "그때 공사장에서 일했던 것이 정말 소중한 경험이 되었어요. 그 경험이 없었다면 나는 아버지가 우리 가정을 위해 얼마나 고생하는지를 전혀 깨닫지 못했을 거예요. 현실을 깨닫지 못하고 소중한 시간을 허비했을 게 분명해요."

우리 주변에서는 자식의 성공을 바라며 그들의 학업을 위해 모든 것을 희생하고 헌신하는 부모들을 쉽게 볼 수 있다. 자녀의 성적을 위해서라면 감당하기 힘들 정도로 높은 비용을 지불하여 다양한 학원에 등록하고, 각종 건강식품을 준비하며, 학습 과정을 수시로 확인한다. 시험 기간에는 아이들이 좋아하는 음식을 특별히 준비하고, 아이의 감정이 상하지 않도록 말 한 마디, 행동 하나에도 세심하게 신경을 쓴다. 그리고 오직 공부만이 전부인 양 공부하는 자녀들을 상전 모시듯이 떠받든다.

　　그러나 정작 그런 대접을 받는 자녀들은 그들 나름대로 그런 부모의 태도에 심한 부담감을 느낀다. 대학입시에 대한 압박감이 무거운 바위처럼 마음을 짓눌러 숨조차 쉬기 힘들어한다. 수많은 학생들은 부모의 꿈을 대신 실현해주기 위해, 교사의 진학률 향상을 위해, 그리고 자신의 운명을 바꿀 기회를 얻기 위해, 불면증과 우울증 심지어 신경쇠약에 시달리기도 하고 일부 학생들은 심각한 스트레스 속에서 목숨을 버리기도 한다. 언젠가 베이징 대학교에서 실시한 설문조사에 따르면, 학생 다섯 명 가운데 한 명은 자살을 생각한 적이 있다고 대답했다. 도대체 우리는 아이들에게 무엇을 가르치고 싶어 하는 것일까? 아이들에게 가르치고 있는 것이 정말로 그들의 인생에 도움이 되는 중요한 것일까? 매년 대학입시 때마다 벌어지는 전쟁 같은 장면을 보면서 나는 그런 의문을 품곤 했다.

타이완의 초대 문화부 장관을 지낸 타이완의 대표적 지성인 룽잉타이龍應台가 아들에게 보낸 편지에 담긴 내용은 이런 나의 질문에 해답이 되었다. 그녀는 자신의 품을 떠나 훌쩍 자라버린 아들에게 이런 말을 남겼다. "내가 너에게 공부를 열심히 하라는 것은 다른 사람들과 학업 성적을 다투라는 뜻이 아니다. 훗날 네가 더 많은 선택권을 가질 수 있기를 바라는 마음에서다. 하루하루 입에 풀칠하기 위해 내몰리는 삶이 아니라 의미가 있고 여유 있는 일을 선택할 수 있는 권리를 얻을 수 있기를 바라는 마음에서다." 그렇다. 열심히 공부하면 보다 많은 선택을 할 수 있고, 더욱 큰 세상을 구경할 수 있다. 반면에 열심히 공부하지 않으면 그저 다람쥐 쳇바퀴 돌듯 살아갈 수밖에 없다.

노력을 하고 안 하고는 부모의 일도 선생님의 일도 아니다. 아이 스스로가 해야 할 일이다. 학창시절에 대한 부모들의 아쉬움, 진학률을 높이고 싶은 선생님의 바람은 그저 그들의 아쉬움과 바람일 뿐 정작 아이들의 꿈이나 미래와는 아무런 상관이 없다. 정말로 우리가 가르쳐야 하는 것은 자신의 인생은 바로 자신이 책임져야 하며, 지금의 노력이 자신에게 더 넓은 가능성을 열어줄 수 있다는 사실이다. 이것은 비단 중고등학생들의 문제만이 아니다. 부모의 끔찍한 보호 속에서 자란 청년들 중에도 중고등학교 시절에 그랬듯이 여전히 부모에게 모든 것을 의지한 채 자기 삶의 주인이 바로 자신임을 깨닫지 못하는 경우가 많다. 지금까지 자신을 보호해주던 안락하고 편안한 세상에서 안주하고 있었다면, 이제 그 세상에서 벗어나 스스로 책임지는 인생을 살아갈 때다. 그렇게 새로운 세상으로 나올 때 또 다른 도약의 기회가 당신 앞에 펼쳐질 것이다.

떡갈나무가
천 년을 버틴 이유

세상에는 다양한 재능을 가지고 있는 사람들이 무수히 많다. 하지만 섣부르게 자신의 재능을 뽐내고 자랑하는 사람이 있는 한편 뛰어난 실력을 갖추고 있지만 자신의 본모습을 쉽게 내보이지 않는 사람이 있다. 사회생활을 하다 보면 자신의 재능을 자랑하는 사람이 더 눈에 띄고 남들보다 빨리 승진을 하며 승승장구하는 것처럼 보이지만, 시간이 지나고 돌이켜보면 그런 사람들은 오래가지 못하고 어느새 회사에서 조용히 사라지곤 한다. 반면에 자신의 실력을 자랑하기보다 조용히 차곡차곡 내실을 쌓아가는 사람이 어느새 높은 자리에 올라가 있는 것을 볼 수 있다. 누구나 능력 있고 재능 많은 사람을 좋아하지만,

그런 사람들을 보며 시기와 질투를 느끼는 것 또한 인지상정이다. 결국 자신의 재능을 감출 줄 모른다면 현실 세계의 온갖 풍파에 쉽게 무너지기 십상이다.

● ◗ (

역사상 가장 뛰어난 인재였지만 억울하게 죽음을 맞이한 양수楊修가 바로 이와 같은 사례를 잘 보여주는 인물이다. 양수는 그가 섬기던 조조曹操보다 훨씬 재능이 뛰어나고 똑똑한 사람이었다. 하지만 조조 앞에서 번번이 자신의 지식을 내보이며 조조의 시기를 사고 그를 불안하게 만들었다.

조조는 항상 부하에게 암살을 당할 것을 걱정하여 군사들에게 이렇게 명령했다. "내가 꿈속에서 사람을 잘 죽이니 내가 잠을 잘 때에는 아무도 내게 가까이 오지 않도록 하라." 그러던 어느 날 그가 낮잠을 자는데 덮고 있던 이불이 바닥으로 떨어졌다. 근위병이 황급히 이불을 집어서 다시 덮어주려는데, 조조가 벌떡 자리에서 일어나 칼을 뽑아 그를 베고 다시 침상 위로 올라가 잠이 들었다. 한참이 지나서야 조조가 일어나서 놀라는 척하며 "누가 내 근위병을 죽였느냐?" 하고 물었다. 부하들이 사실대로 대답하자 조조가 통곡하며 후하게 장사를 지내주라고 명하니, 사람들은 모두 조조가 정말로 꿈속에서 사람을 죽이는 버릇이 있다고 생각하게 되었다.

그러나 유독 양수만이 조조가 일부러 그러는 것을 알고, 근위병의 장사를 지낼 때 "승상께서 꿈속에 있던 게 아니라 자네가 꿈속에 있던 것이네" 하고 한탄했다. 이 말을 들은 조조는 자신의 행동을 간파하고 있는 양수를 더욱 견제하게 되었다.

또 한번은 북쪽 변방에서 양젖으로 만든 과자인 수酥를 한 합盒을 보내왔다. 조조는 합 위에 손수 일합수 一合酥라고 써서 탁자 위에 두었다. 그런데 양수가 들어와서 그 글자를 보더니 합 안에 든 과자를 여러 사람과 나누어서 다 먹어버렸다. 이에 조조가 왜 그 과자를 다 먹었느냐고 묻자 양수가 대답했다. "합 위에 한 사람당 한 개씩 먹으라 一人一口酥고 적어두셨기에 먹었습니다. 어찌 승상의 뜻을 어기겠습니까?" 그 순간 조조는 애써 태연한 척 넘어갔지만 번번이 자신의 본심을 읽어내는 양수에게 위협을 느끼며 그를 죽이고 말겠다고 다짐했다.

점점 더 조조의 눈 밖에 나던 양수는 결정적인 계기로 죽음을 맞게 된다. 당시 조조는 유비와 한중 지역을 놓고 치열한 공방전을 펼치고 있었다. 그러나 번번이 유비에게 패해 더 이상 전진이 불가능했고, 군량이 떨어져가는 상황에 이르자 조조는 결단을 내리지 못하고 망설이고 있었다. 고민을 하고 있던 조조가 저녁상에 올라온 닭곰탕을 보고, 그날 밤 성 안의 암호가 무엇이냐고 묻는 부하에게 그날 밤의 암호는 '계륵鷄肋(닭갈비)'이라고 말했다.

이 말을 들은 병사들이 암호의 진짜 의미를 몰라 어리둥절하고 있을 때, 양수가 나서서 말했다. "닭의 갈비는 버리기에는 아깝지만 먹을 것이 없소. 승상께서 말씀하신 계륵이 이를 두고 한 말이니, 한중을 유비에게 주기는 아깝지만 이득이 없으니 그냥 철수하라는 의미로 암호를 계륵이라고 정하신 것이오." 이 말을 들은 병사들은 더 이상 싸울 생각은 하지 않고 철수를 준비했다. 그 말을 들은 조조는 양수의 기민함을 더 이상 참지 못하고 격노하며 급기야 군심을 어지럽혔다는 이유로 양수를 참형에 처하고 말았다. 하지만 승산이 없는 전투를 계속해서 이어가는 것은 실책이라 생각한 조조는 결국 다음 날 철군을 명하고 양수의 장례식을 후하게 치러주었다. 이처럼 양수는 하늘 무서운 줄 모르고 재차 삼차 조조의 비위를 긁었고, 결국 죽음을 자초하고 말았다.

● ◖ ◖

《장자莊子》에 다음과 같은 이야기가 나온다. 춘추시대 제나라 국경지대에 거대한 떡갈나무 한 그루가 자라고 있었다. 얼핏 보기에도 수천 년은 더 된 그 나무 아래에서는 천여 명이 거뜬히 더위를 피할 수 있었고, 사람들은 그 나무를 신처럼 떠받들었다. 그러던 어느 날, 스승과 제자가 떡갈나무 아래를 지나가게 되었다. 제자는 거대한 나무의 자태에 발을 멈추고 바라보며 이렇게 생각했다.

'만일 저 나무를 베어다 목재로 쓰면 대체 얼마나 많은 가옥과 배를 만들 수 있을까?'

제자는 호기심을 억누르지 못하고 스승에게 물었다.

"스승님을 따라 학문을 배우기 시작한 이래 처음 보는 장관입니다. 그런데 사부님은 왜 도통 관심을 두지 않습니까?"

그러자 스승은 담담하게 대답했다.

"신기할 게 뭐가 있느냐? 그래봤자 쓸모없는 나무인 것을. 겉으로 보기에는 잎이 무성하고 튼실해 보이지만 실상은 그렇지 않다. 나무의 재질이 약해서 집이나 가구를 만드는 목재로 썼다가는 금세 벌레가 생겨 썩어버린다. 또 배를 만들면 침몰하기 십상이고 나무 그릇을 만들면 금방 깨진다. 저 나무가 수천 년 이상 살면서 저처럼 거대하게 자랄 수 있었던 것은 사람들에게 아무런 쓸모가 없어서란다. 목수들에게 저런 나무는 쓰레기와 다름없지. 그러할진대 내가 굳이 감탄하거나 찬사를 늘어놓을 것이 뭐가 있겠느냐?"

같은 시대 송나라의 형씨荊氏라는 지방에는 가래나무가 무성하게 자라고 있었다. 가래나무는 목재의 재질이 매우 훌륭해서 다양한 용도로 사용할 수 있었기에 사람들의 사랑을 받았다. 가래나무의 가지가 성인의 엄지손가락 두께만큼 두꺼워지면 사람들은 나무를 베어다 원숭이를 묶는 말뚝으로 사용했다. 또 가래나무의 두께가 어른의 허벅지만큼 두꺼워지면 베어서 천장을 만드는 데 사용했다. 그리고 가래나무의 몸통이 양손으로 껴안을 만큼 커지면 부자나 고관대작의 관을 만드는 데 사용했다. 그 때문에 가래나무는 오랫동안 장수하지 못하고 번번이 도중에 베어지는 비참한 운명을 맞이했다.

떡갈나무는 실용적인 가치가 없었기에 거대한 신수神樹가 되어 수천 년을 살아남은 반면에 쓰임이 많았던 가래나무는 도끼의 재물이 되어 매년 반복해서 벌목되었다. 두 나무는 이처럼 각기 다른 대우를 받았다. 이는 무가치가 가져다준 행운이고 유용한 가치가 가져다준 불행이었다.

사람의 운명 또한 나무와 같다. 자신의 재능을 뽐내며 과시하기 좋아하는 사람은 종종 뭇사람들의 배척과 공격을 받고 심지어 다른 사람의 멸시와 모함을 받는다. 그래서 하는 일마다 벽에 부딪혀 결국 불행한 삶을 살게 된다. 반면에 얼핏 보기에는 평범하지만 주어진 환경을 참고 견디며 묵묵히 능력과 재능을 쌓아가되 그것을 과시하지 않는 사람은 상사에게 인정받고 동료들의 신임과 부하직원의 지지를 받으며 치열한 경쟁에서 살아남을 수 있다. 이처럼 재능을 숨기고 자신을 낮추는 겸손함은 인생에서 승리를 거두는 비결이자 생존의 무기가 된다.

의심하는 나를
돌파하라

● 　　　　　누구나 이런 경험이 있을 것이다. 집
을 나오면서 분명 현관문을 잠갔는데 막상 집을 나서면서부터 의
심이 들기 시작한다. '내가 현관문을 잠갔던가?' 아무리 기억을 되
짚어봐도 문을 잠근 기억이 나지 않는다. 결국 다시 집으로 돌아
가 현관문을 확실히 잠갔는지 확인하고서야 다시 집을 나선다. 일
상생활에서 이러한 자기 의심은 자주 발생한다.

　　자기 의심은 성공으로 가는 길의 최대의 적이다. 따라서 꿈
이나 목표를 이루기 위해서는 자기 의심에 휘둘리지 않도록 노
력해야 한다. 미국의 임상심리학자 엘버트 엘리스Albert Ellis의
'ABC 이론'에 따르면, 인간의 고민은 '발생하는 사건 그 자체'가

한 번이라도 끝까지 버텨본 적 있는가

아니라 그 사건을 '받아들이는 방식'에 의해 새롭게 인식된다. 다시 말해 받아들이는 방식을 바꾸면 고민도 사라진다는 것이 이 이론의 핵심이다. 즉 사건의 결과는 사건 자체로 결정되는 것이 아니라 우리가 그 사건을 바라보는 견해, 이해, 태도 등에 따라 결정된다는 것이다. 간단히 말해서 당신이 하는 일이 성공을 하느냐의 여부는 당신의 마음가짐과 관련이 있다는 뜻이다. 만일 자신을 믿고 열심히 노력하면 성공을 거둘 수 있지만, 반대로 자신에게 의구심을 품을 경우 역경에 부딪혔을 때 쉽게 위축되고, 그것이 곧 실패로 이어진다는 의미이다.

●　◖　◖

고대 그리스 시대부터 마라톤 선수들은 1마일(약 1.61킬로미터) 구간을 4분 내에 완주하기 위해 숱한 도전을 했다. 이 목표를 실현하기 위해 호랑이 젖을 먹는 사람도 있었고, 일부러 사자를 도발하여 사자에게 쫓긴 사람도 있었다. 하지만 번번이 목표를 실현하는 데 실패했다. 그래서 모든 코치와 선수들 심지어 의사들은 인간이 1마일을 4분에 돌파하는 것은 불가능하다고 단언했다. 왜냐하면 우리는 동물들과 골격 구조가 다르고 폐활량도 작은 데다 바람의 저항력도 매우 크다는 것이 그 이유였다. 하지만 그 불가능을 뛰어넘어 1마일을 4분에 돌파한 사람이 나왔다. 1954년 영국의 아마추어 마라톤 선수 로저 배니스터Roger Bannister가 3분 59초에 1마일을 완주한 것이다. 더욱 놀라운 사실은 그다음 해에 4분대의 벽을 돌파한 선수가 무려 300명이나 나왔다는 사실이다. 로저 배니스터가 4분대의 벽을 깨뜨린 것을 보고 모두들 자기도 해낼 수 있다는 믿음을 갖게 된 것이다.

끝까지 참고 버티는 인내와 끈기를 갖기 위해서는 자신에 대한 믿음이 필요하다. 결코 자기 능력에 대해 의구심을 품어서는 안 된다. 자신에게 능력이 있다고 믿으면 전에는 몰랐던 능력을 발휘하게 된다. 이러한 '진기한' 현상은 미국의 심리학자 앨버트 반두라Albert Bandura가 주장한 '자기효능감self-efficacy'이라는 개념으로 해석할 수 있다. 자기효능감이란 특정한 상황에서 자신이 적절한 행동을 함으로써 문제를 해결할 수 있다고 믿는 기대와 신념을 뜻한다. 반두라에 따르면, "자기효능감의 중점은 개인이 어떤 능력을 가지고 있느냐에 있지 않다. 개인이 가지고 있는 그 능력으로 무엇을 할 수 있느냐에 있다." 우리는 저마다 각기 다른 자기효능감을 가지고 있다. 이러한 차이는 자기 신뢰와 자기 의심을 결정짓는다. 그렇다면 어떠한 요인들이 자기효능감의 차이를 가져오는 걸까? 반두라는 다음 네 가지 요인을 꼽았다.

첫째, 자기효능감은 개인적인 경험의 영향을 받는다. 예컨대 타인의 성공이나 실패를 관찰하는 것은 자기효능감에 관찰한 내용과 유사한 영향을 미친다. 다만 그 영향력이 비교적 미미한 편이다. 둘째, 자기효능감은 과거의 경험에 의해 결정된다. 과거의 실패는 자기효능감을 떨어뜨리는 반면에 과거의 성공은 자기효능감을 높인다. 셋째, 평소 선생님이나 부모님 혹은 성공한 이들로부터 인정을 받고 격려를 받을 경우 개인의 자기효능감도 상승한다. 넷째, 정서 상태가 좋으냐 나쁘냐도 자기효능감에 영향을 미친다.

그러므로 사건 자체보다는 그 사건에 대한 우리의 견해나 태도가 자신에게 더 큰 영향을 미친다는 사실을 분명히 알아두어야한다. 물론 자신에 대한 믿음이 지금 당장 성공의 열매를 가져다주지는 않는다. 하지만 우리가 성공으로 향하는 길로 나아갈 수있도록 도와준다. 반면에 자기 의심은 성공의 장애물이자 걸림돌이 된다. 스스로에 대한 의심은 자신감을 잃게 만든다. 고민 끝에결정을 내린 뒤에는 종종 자기 의심으로 자신이 내린 결정이 옳은지를 믿지 못할 때가 있다. 그래서 자신의 결정이 잘못된 것은아닌지, 그 결정을 실행할 수 있는지 계속해서 의심하게 된다.

자기 의심은 또한 행동을 멈추게 한다. 우리는 잘못된 결정을 피하기 위해 현상을 유지할 때가 있다. 혹은 어떤 결정을 내렸는데도 곧바로 행동에 옮기지 못할 때가 있다. 이는 자신의 능력을 믿지 못하기 때문이며, 또한 결정 자체를 의심하기 때문이다.

이렇게 자신을 믿지 못하고 지속적으로 의심할 때 우리는 고착상태에 빠지게 된다. 누구나 자신은 더 많은 도전을 할 수 있고 더 많은 가능성이 있다고 말하지만 실상 대부분의 사람들은 지금 자신이 가지고 있는 것이 자기 능력의 전부라고 여긴다. 이러한 마음가짐은 성장과 잠재력의 계발을 멈추게 하여 현상에 안주하게 만든다. 더 나아가서는 새로운 도전이나 탐구를 점점 두려워하게 만든다.

또한 자기 의심은 선택할 수 있는 여지를 제한한다. 자신감이 넘칠 때에는 선택의 범위도 한층 넓어진다. 왜냐하면 어떤 일에서도 기회를 얻을 수 있다는 믿음이 있기 때문이다. 반대로 자기 의심은 선택의 범위를 좁게 만든다. 자신이 기회를 잡기 힘들 것이라고 여기기 때문이다.

어느 성공학자는 이렇게 말했다. "무슨 일이든 두 개의 장벽이 가로막고 있다. 하나는 외부 환경의 제약이고, 또 하나는 내면의 한계선이다." 목표한 꿈을 이루기 위해 참고 견디는 힘을 갖기 위해서는 무엇보다 자기 내면의 한계선을 돌파하여 자신에 대한 믿음을 키워나가야 한다.

승리의 기회는
누구에게나 주어진다

●   심리학 관점에서 인내심이 있는 사람
은 더 많은 행복을 느낀다. 인내심과 끈기를 가진 이들은 주변의
아름다운 사물과 자연경관에 쉽게 감화된다. 비온 뒤 푸른 하늘과
공기, 꽃봉오리, 창문 사이로 비추는 따듯한 햇살을 감상할 줄 안
다. 또한 인내심과 끈기가 있는 사람은 적극적이고 진취적인 사물
이나 일을 잘 찾아내며, 스스로 발전과 학습 기회를 찾는 법 또한
잘 알고 있다.

    과거 사람들은 운명을 믿었다. 인생의 성공이나 실패는 혈
액형이 정하는 것이라 믿거나 심지어 점괘를 빌려 자신의 운명을
점치기도 했다. 인간이 운명을 믿을수록 노력을 포기하게 된다.

하지만 운명이란 우리 스스로 결정하고 만들어나가는 것이다. 이 세상에 정해진 실패나 성공은 없다.

막심 고리키Maxim Gorky는 "자신감에 가득 찬 사람은 어디서 살든 자신의 의지와 능력을 명확히 인식하고 있다!"라고 말했다. 자신감은 상상을 뛰어넘는 역량을 발휘하게 만든다. 공부를 하거나 일상적인 생활을 할 때, 그리고 직장생활에서도 자신감은 매우 중요한 역할을 한다. 성공한 사람들은 자신의 목표를 꾸준히 상향 조정하여 '불가능'을 '현실'로 바꾼다. 실패를 했을 때에도 그들은 나는 반드시 할 수 있다는 굳은 믿음을 잃지 않는다.

사실 패배를 승리로 바꿀 수 있는 기회는 누구에게나 주어진다. 좌절 속에서 교훈과 경험을 얻어 끝까지 버티는 끈기와 인내를 가진다면 실패 속에서 희망을 가지고 다시 도전할 수 있는 용기를 얻을 수 있다. 실패했을 때에도 '운명'에 모든 책임을 떠넘겨서는 안 된다. 이 세상에는 평범하게 한평생을 살아가는 사람이 대부분이다. 그들은 평범하기 짝이 없는 자신의 인생을 두고 '운이 안 좋았어', '고생할 운명을 타고 났어'라며 원망을 쏟아내곤 한다. 또한 어린아이처럼 타인의 동정을 얻는 데만 급급한 이들도 있다. 그들이 보다 강인한 마음을 가지고 스스로 기회를 발견하지 못하는 것은 모든 것을 운명 탓으로 넘기기 때문이다.

성공은 항상 아름답고 긍정적인 것들을 가져다준다. 우리는 누구나 성공을 꿈꾸고 그것을 통해 보다 아름다운 사물을 소유하기를 갈망한다. 아마 다른 사람의 비위나 맞추는 평범한 삶을 꿈꾸는 이는 없을 것이다. 그렇다면 가장 실용적인 성공 비결은 무엇일까? 그것은 '산도 옮길 수 있다'는 확고부동한 믿음이다. '나는 반드시 할 수 있다'라는 굳은 믿음을 가지면 능력이나 기술, 힘과 같은 필수적 조건을 자연스레 갖추게 된다. '나는 반드시 할 수 있다'라는 굳은 믿음이 있으면 자연스레 '어떻게 해야 하는지' 방법이 떠오르게 된다.

자신감을 갖고 고정관념을 타파하면 당신 앞에는 완전히 새로운 세계가 펼쳐질 것이다. 그렇다면 굳건한 자신감을 키울 수 있는 방법은 무엇일까?

첫째, 자신을 명확하게 인식하고 있는 그대로 받아들여야 한다. 자신의 장점, 단점 그리고 자신이 갖추고 있는 유리한 자원 등을 객관적으로 파악할 수 있을 때 자신감을 가질 수 있다.

둘째, 과감하게 시도하고 용감하게 도전해야 한다. 도전의 과정에서 우리는 실패할 수도 있고, 겁에 질려 가슴을 쓸어내릴 때도 있다. 하지만 그러한 실패는 그다지 큰 문제가 아니다. 당신이 해야 할 일은 담담하게 대응하고, 대담하게 시도하면서 모든 주의력을 일 자체에 집중시켜 실력을 키우는 것이다. 그러면 자연스레 자신감도 한층 강화되기 마련이다.

셋째, 자아를 억제하는 생각들을 떨쳐버려야 한다. 자기 자신에게 물어보자. 자신이 정말로 능력이 부족하다고 확신하는가?

자신의 능력이 부족하다는 부정적이고 스스로를 억제하는 생각을 가지고 있다면 그런 생각은 과감히 떨쳐버려야 한다. 만일 자신에 대한 믿음이 제한을 받는다면, 그것은 어린 시절부터 자기 결정권을 제대로 누리지 못했기 때문이다. 이제 당당히 성인이 된 지금 자신의 일은 스스로 결정하는 것이 마땅하다.

넷째, 자신의 결정에 대한 믿음을 가져야 한다. 당신이 무슨 일을 하든 '나는 반드시 할 수 있다'라는 신념을 굳게 믿어야 한다. 절대로 편견에 의해 당신의 희망을 꺾어서는 안 된다. 목표가 생기면 희망으로 충만하게 되고, 자신의 길을 꿋꿋하게 걸어갈 수 있다. 어떤 방향을 가리키든 당신의 행동력은 그 지시를 따를 것이다.

지금 부정적인 정서에 휩쓸려 비관적이고 소극적인 생각을 하고 있다면 이스라엘 총리 골다 메이어Golda Meir의 말을 기억해보자. "자신을 신뢰하라. 평생 함께 살며 만족할 수 있는 자아를 창조하라. 가능성이라는 불꽃을 성취의 불기둥으로 만듦으로써 자기 자신을 최대한 이용하라." 이 말은 당신이 끝까지 버텨내는 끈기는 기르고 적극적이고 진취적인 역량을 키우는 데 도움이 될 것이다.

STICK IT OUT

옮긴이

하진이

원광대학교 중문과를 졸업하고 북경사범대학교에서 석사 학위를 받았으며, 대만 사범대학교에서 수학했다. 현재 번역 에이전시 엔터스코리아에서 출판기획 및 중국어 전문 번역가로 활동하고 있다. 번역은 단순히 텍스트의 언어를 옮기는 것이 아니라 언어 속에 담긴 사회의 문화적 맥락을 함께 짚어내고, 번역자의 창조적 해석이 반영되어야 한다는 생각으로 번역작업에 임하고 있다. 옮긴 책으로는 《거절 잘해도 좋은 사람입니다》《만사형통》《어떻게 원하는 삶을 살 것인가》《적을 만들지 않는 인간관계의 비밀》《어떻게 사람을 얻는가》 등이 있다.

한 번이라도 끝까지 버텨본 적 있는가

초판 1쇄 발행 2020년 7월 20일
초판 5쇄 발행 2022년 4월 15일

지은이 웨이슈잉
펴낸이 정덕식, 김재현
펴낸곳 (주)센시오

출판등록 2009년 10월 14일 제300-2009-126호
주소 서울특별시 마포구 성암로 189, 1711호
전화 02-734-0981
팩스 02-333-0081
전자우편 sensio@sensiobook.com

디자인 섬세한 곰

ISBN 979-11-90356-65-7 03190

소중한 원고를 기다립니다. sensio@sensiobook.com